Swantje Oppermann

Blindes Misstrauen

AF204582

Hase und Igel®

Für Lehrkräfte gibt es zu diesem Buch
ausführliches Begleitmaterial beim Hase und Igel Verlag.

© 2021 Hase und Igel Verlag GmbH, Frei-Otto-Straße 18,
80797 München, service@hase-und-igel.de
www.hase-und-igel.de
Lektorat: Luzie Bischoff
Satz: Appel Grafik München GmbH
Druck: CPI books GmbH, Leck

ISBN 978-3-86316-153-8
4. Auflage 2025

Swantje Oppermann
Blindes Misstrauen

Inhalt

Donnerstag, 06:20 Uhr

An diesem Morgen weckte mich das surrende Geräusch der Roboterarme. Sie reinigten die Sonnenkollektoren auf dem Flachdach. Die Wischarme glitten mechanisch über die Solaranlage und befreiten sie von Schnee und Dreck. Jeden Donnerstag dasselbe Spiel. Das war eindeutig ein Nachteil an meiner Wohnung.

Ich blieb liegen und wartete auf den Einsatz meines Weckers, dem die Roboterarme zuvorgekommen waren. Nach wenigen Minuten imitierte die Beleuchtung in meinem Zimmer einen Sonnenaufgang. Warmes Licht durchflutete den Raum und ermunterte mich zum Aufstehen.

Ich blinzelte der digitalen Morgenröte entgegen. Vor meinen Augen erschienen Ort und Uhrzeit, die Tagestemperatur, meine Vitalwerte und der Hinweis, dass eine Nachricht auf mich wartete. Meine Kontaktlinsen listeten die Angaben fein säuberlich untereinander vor meinen Augen auf: *Berlin, 06:25 Uhr, −5 Grad, 100 zu 60, Nachricht von Sarah.*

Bevor ich darauf reagieren konnte, versperrte ein Bild von Napoleon mein Sichtfeld. Oh, nicht schon wieder. Bonapartes Glupschaugen stierten mich an. Ich konnte seinem Blick nicht ausweichen. Warum ausgerechnet dieses Bild?

Genervt rieb ich mir die Augen. Als ich die Lider wieder öffnete, war das Bild verschwunden.

Ich streckte mich. Aus der Küche drang das Geräusch des Wasserkochers, der zeitgleich mit dem künstlichen Sonnenaufgang begonnen hatte, das Wasser für meinen morgendlichen Tee zu erhitzen. Meine Wohnung erleichterte mir die Qual des Aufstehens.

Ich tapste in Richtung Wohnküche, kam jedoch nicht dazu, die Schwelle zu übertreten, denn ein gigantischer Kragenbär stand aufgerichtet in meiner Wohnung und sprang mir mit einem Brüllen entgegen. Eine Reihe scharfer Zähne blitzte mich aus seinem aufgerissenen Maul an.

Mir entwich ein Schrei. Ich stolperte zurück.

Ein Bär? Warum? Und vor allem: Wie …!?

Auf einmal war ich hellwach. Da begriff ich, dass es sich bei dem pelzigen Monster um eine dreidimensionale Projektion handelte. Das Tier war einem Videoclip aus meinem Newsfeed entsprungen, der über die 3D-Funktion an der Wand lief.

Die ausgestorbene Art war im Rahmen einer Cloning-Reihe zu neuem Leben erweckt worden. Erst war es eine Passagiertaube gewesen und jetzt ein Kragenbär. Eines Tages würde mich womöglich ein Pottwal in meinem Wohnzimmer begrüßen.

„Keine News", stöhnte ich. Die Stimme des Nachrichtensprechers verstummte und der Bär verschwand.

Mein defekter Haushaltsroboter Cutie kam mir entgegengerollt. „Einen wunderschönen guten Morgen!", rief er fröhlich.

„Dir auch guten Morgen", murmelte ich.

„Mav, du hast eine Nachricht von Sarah erhalten. Ansehen, aufbewahren oder löschen?"

„Ansehen. In zwei Minuten", sagte ich.

Cutie rollte zur Seite. Das war die einzige physische Aktivität, zu der er noch in der Lage war. Keines der Patches oder Updates hatte ihn nach dem letzten Absturz wieder völlig funktionsfähig gemacht. Mit meinen Programmierversuchen hatte ich die Situation eher verschlimmert. Davor hatte er immerhin noch Staub wischen und aufräumen können.

Ich schlurfte zur Küchenzeile. Das Teewasser war heiß. Mein Magen knurrte, als ich auf das Display am Kühlschrank blickte. In einer trostlosen Liste wurde mir angezeigt, dass sich darin Buchweizenmilch, Haferjoghurt und zwei Stücke Kuchen befanden. Den Kuchen hatte Oma mir zu meinem sechzehnten Geburtstag gebacken. Die Geschmacksrichtung ging mittlerweile gefährlich in Richtung „blauer Schimmel".

Ich drückte auf die Nachbestelltaste.

„Guten Morgen, mein Schatz", ertönte die Stimme meiner Mutter hinter mir. Die zwei Minuten waren schnell vergangen. „Du stehst in ein paar Stunden schon wieder auf und bei uns geht gerade ein langer Tag zu Ende."

Ich blieb hinter der Kücheninsel stehen und blickte auf die anderthalb Meter große Projektion an der Wand. Der Kopf meiner Mutter wirkte wie aufgeblasen. Unter ihren Augen zeichneten sich dunkle Ringe ab. Das leicht verschmitzte Lächeln auf ihren Lippen ließ sie dennoch jugendlich wirken.

„Dein Vater ist noch bei der Arbeit. Er hat sich gestern mit seinem Standortleiter angelegt. Du kennst ihn ja. Manchmal ist er durch und durch Spanier. Und ich …"

Sie hielt inne. Ihr Blick schweifte ab. Offensichtlich war sie mal wieder mit mehreren Dingen gleichzeitig beschäftigt. Leider beherrschte sie das Multitasking nicht besonders gut.

Für mich war sie ein Rätsel. Ich konnte jeden Code, mit dem ich mich auseinandersetzte, leichter entschlüsseln als ihr Verhalten.

„Hat dein Vater sich schon wegen Ostern bei dir gemeldet?", fragte sie. „Ich weiß, dass du uns gerne sehen würdest, weil wir ja an deinem Geburtstag nicht da waren. Aber Ostern wäre der ideale Zeitpunkt, um nach New York zu fliegen."

Statt herzlicher Umarmungen würde es also wieder nur einen Videochat geben. Es war lange her, dass ich meine Eltern live und in Farbe gesehen hatte. Ich zählte die Monate an den Fingern ab. Noch reichte eine Hand aus. Noch.

„Lass uns morgen darüber reden", sagte sie. „Ich wollte dir nur einen schönen Tag wünschen. Wer weiß? Vielleicht wird es ja der beste deines Lebens."

Dann verschwand sie von der Bildfläche.

„Möchtest du eine Antwort senden?", fragte Cutie.

Bevor ich reagieren konnte, poppte erneut Napoleons Bild vor meinen Augen auf und versperrte mir die Sicht.

Ich stöhnte. „Nicht jetzt."

Bester Tag meines Lebens – von wegen.

Donnerstag, 07:15 Uhr

„Du musst mir helfen", verkündete ich.

Bevor der Hacktivist mich begrüßen konnte, hatte ich sein Optikfachgeschäft in fünf langen Schritten durchquert.

„Gestern gingen sie noch und heute sehe ich nichts als französische Generäle", sagte ich und knallte den Behälter mit meinen Kontaktlinsen auf den Tresen.

„Guten Morgen, Mav. Es freut mich auch, dich zu sehen", begrüßte mich der Hacktivist.

Er blickte mich unbeeindruckt an. Er sah aus wie jemand, der als Teenager einmal attraktiv gewesen war, dem das Alter aber zu früh seine Spuren ins Gesicht geschrieben hatte. Um seine Augen bildeten sich Krähenfüße und über der Stirn zeigten sich Ansätze von Geheimratsecken.

„Für so was hab ich echt keine Zeit", sagte ich.

Er grinste. „Keine Zeit für Höflichkeit?"

„Okay, wie du willst: Guten Morgen, lieber Optechnician. Wie geht es Ihnen? Gut? Super. Ich brauche nämlich Ihre Hilfe. Ich wollte nur ein kleines Feature auf meinen Kontaktlinsen installieren und jetzt sind sie defekt. Könnten Sie das Problem bitte beheben?"

„Ein kleines Feature", wiederholte der Hacktivist. „Lass mich raten: die Lösungen für deinen nächsten Politiktest?"

„Geschichte", seufzte ich.

Er kannte mich zu gut.

Eigentlich hieß er Marek. Aber da er ein ehemaliger Hacktivist war, hatte ich ihm diesen Spitznamen verpasst. Vor dem großen Reboot hatte er sich als Onlineaktivist in Websites, Apps und Datenbanken gehackt, um Sicherheitslücken aufzuzeigen und das umfangreiche Sammeln von Nutzerdaten anzuprangern.

Heute arbeitete er als Optechnician. Meine Mutter und ich waren ursprünglich in seinen Laden gekommen, weil mein Arzt nicht dazu in der Lage gewesen war, meine digitalen Kontaktlinsen richtig einzustellen. Der Hacktivist hatte das Problem damals in wenigen Minuten gelöst.

„Du bist doch derjenige, der mir gezeigt hat, wie ich die Software auf den Linsen manipulieren kann", erinnerte ich ihn.

„Aber nur zum Spaß. Ich konnte schließlich nicht ahnen, dass du die Antworten zu deinen Klausuren darauf hinterlegst. Oder versuchst, den Wasserzähler deiner Wohnung zu hacken. Oder …"

„Erstens ist Leitungswasser unverschämt teuer geworden. Und zweitens hinterlege ich die Antworten nicht auf den Kontaktlinsen selbst, sondern in meinem Safe", unterbrach ich ihn.

„Was macht das für einen Unterschied?"

„Das müsstest du besser wissen als ich."

Ich verwaltete mein gesamtes Leben über den Safe, eine virtuelle Umgebung, in der alle personenbezogenen Datenströme zusammenflossen: Infos zu meinen Finanzen, Ausweis und Führerschein, meine Krankenakten, Verbindungen zu elektronischen Geräten, Temperatur und Licht in der Wohnung und vieles mehr. Ich konnte über verschiedene Geräte auf den Safe zugreifen. Voraussetzung dafür war die Authentifizierung über meine Iris.

„Versuch nicht, dich rauszureden", sagte der Hacktivist. „Die Dinger sollen deine Augen vor UV-Strahlen schützen, deinen Augeninnendruck und die Vitalzeichen messen, die Tränenflüssigkeit auf Anomalien untersuchen, deinen IQ testen, deine Gedanken lesen, dich vor dem größten Fehler deines Lebens bewahren …"

„Mach so viele Witze über meine Fehlprogrammierungen, wie du willst. Erst neulich hab ich mir damit vierzehn Punkte in der Wirtschaftsklausur erlernt."

„*Erlernt,* hm. Wenn deine Eltern das wüssten …"

„Wenn meine Eltern hier wären, meinst du wohl. Ja, dann könnten Sarah und León mir beim Lernen helfen."

Der Hacktivist blies die Wangen auf, wie ein Hamster, der sein kleines Maul voller Getreide hat. Dazu fiel ihm nichts mehr ein.

Vor einem Jahr war ich auf die Idee gekommen, im Safe Antworten zu hinterlegen, die ich während der Klausuren über die Kontaktlinsen abrief. Die Linsen steuerte ich über die Blickrichtung der Augen. Im linken Sichtfeld befand sich ein individualisiertes Menü. Fokussierte ich den Blick auf das Icon „Scannen und Analysieren", öffnete sich die entsprechende Funktion. Dank meiner Programmierkünste scannten die Kontaktlinsen daraufhin die Klausuraufgaben und suchten nach passenden Lösungen in den Dokumenten des Safes. Der Trick war so einfach, dass es schon fast lächerlich war. Die Schulleitung durfte uns nicht verbieten, Linsen zu tragen. Zumindest nicht jenen Schülern, die sie aus medizinischen Gründen verschrieben bekommen hatten.

„Es ist nur eine Art Zeitvertreib", sagte ich. „Ohne Sehhilfe würde ich in den Tests sicher genauso gut abschneiden."

Der Hacktivist stieß ein Lachen aus. „Ich glaube, du hast soeben den Begriff *Sehhilfe* völlig neu definiert. Mav, dein Sinn für Moral ist noch fragwürdiger als meiner."

„Sagt ausgerechnet der Mann, der quasi mit zum Reboot beigetragen hat?"

„Ich hätte dir das alles nie erzählen sollen."

Ich lächelte. „Dazu ist es zu spät."

„Dann nutz dein schlaues Köpfchen fürs Lernen. Du weißt, wie hart die Behörden beim Thema Hacking durchgreifen. Auch die Schulbehörden. Du kennst doch meine Regel: Man sollte nur Zeit in Aktionen investieren, die sich gut in den Nachrichten machen. *Mädchen wird beim Schummeln erwischt und suspendiert?*" Marek schüttelte den Kopf. „Nicht so gut. *Mädchen nutzt Mega-IQ, um besten Notenschnitt aller Zeiten zu erreichen?* Viel besser."

„Ja, ja." Ich winkte ab. „Denkst du, dass du das heute noch hinbekommst?"

Der Hacktivist tippte auf die Oberfläche des Tresens und startete die Kundensoftware. Auf der Glasplatte tauchten eine Handvoll Icons und eine integrierte Tastatur auf. „Ich werde es mir direkt ansehen. Keine Sorge. Vorher geb ich dir ein Ersatzpaar mit. Wer weiß, mit was für Pseudocodes du die Dinger verunstaltet hast", erklärte er und verschwand im Hinterzimmer. Wenig später kehrte er mit einem Kontaktlinsenbehälter zurück und drückte ihn mir in die Hand.

Marek tippte ein paar Daten über die Touchscreen-Tastatur auf dem Tresen ein. Dann drehte er mit einer Handbewegung das Bild so, dass ich die Informationen nicht auf dem Kopf lesen musste. Auf der Glasfläche schimmerten meine Kundeninformationen inklusive meines Fotos.

„Du kennst den Ablauf: Die Linsen können direkt eingesetzt werden. Du kannst sie permanent tragen, auch nachts. Sie sind selbstreinigend. Keine Reinigungsmittel verwenden bitte", ratterte er die Nutzungshinweise herunter.

„Warum erzählst du mir das jedes Mal?"

Mit einem Scan meiner Iris autorisierte ich die Zahlung.

„Weil es genug Menschen auf diesem Planeten gibt, die es einfach nicht hinbekommen. Als säße ein kleiner Alien in ihrem Kopf, der sie dazu animiert, genau das zu tun, was sie nicht tun sollten. – Ist ein bisschen wie bei dir und deinen Klausuren", sagte er und schloss die Nutzeroberfläche. „Lass dir das eine Lehre sein."

„Glaub mir, wenn du nur einen Tag in meiner Schule verbringen müsstest, dann wäre dir klar, warum ich so handle. Die Leute da sind so engstirnig."

„*Die* sind engstirnig?", schmunzelte der Hacktivist. „Wohingegen du der Meinung und den Vorschlägen anderer gegenüber immer offen bist."

„Muss ich von Sarah geerbt haben", bemerkte ich trocken. „Kann ich meine alten Kontaktlinsen nach der Schule wieder abholen?"

Ich hatte nur das eine Paar. Einige meiner Mitschüler besaßen vier bis fünf, aber mir reichte dieses völlig aus. Wie andere Menschen an einem alten Pullover hingen, hing ich an meinen Kontaktlinsen.

Marek nahm den Behälter zwischen Zeigefinger und Daumen und betrachtete die Linsen durch das Plastik. „Darf ich fragen, wie groß der Schaden ist?"

„Es ist, als wäre Napoleon direkt in meinen Safe einmarschiert."

„Klingt vielversprechend."

Ich rollte mit den Augen und seufzte. „Ist leider nicht das erste Mal."

Mit einem Satz sprang ich in die überfüllte U-Bahn. Ich stieß mit dem Kopf gegen die Schulter eines bärengroßen Mannes. Er reagierte mit einem genervten Blick.

„Das tat mir sicherlich mehr weh als dir", murmelte ich und zwängte mich an ihm vorbei in den Innenraum des führerlosen Gefährts.

Meine Eltern hatten sich entschieden, mich auf das bilinguale Luise-Gymnasium in Schöneberg zu schicken. Meiner Mutter war es wichtig gewesen, dass ich auf einer zweisprachigen Schule unterrichtet wurde, nachdem der Versuch meiner Eltern, mich auf Deutsch und Spanisch aufzuziehen, kläglich gescheitert war. Nicht nur wollte Sarah, dass ich die Muttersprache meines Vaters beherrschte, sie sah darin auch einen Wettbewerbsvorteil. Sie hoffte, dass die Sprachkenntnisse eines Tages meine Jobchancen erhöhen würden. Also hatten nun meine Lehrer die Ehre, mir Spanisch beizubringen.

Wäre es nach mir gegangen, hätte ich eine Schule gewählt, die näher an meiner Wohnung lag. Aber mittlerweile hatte ich mich mit dem langen Schulweg und den täglichen U-Bahn-Fahrten abgefunden.

Ich lehnte mich gegen die Haltestange. Unter meinem Schuh klebte ein Screenpaper. Ich zog die Sohle über den Boden, bis sich die Folie löste und unter einen der Sitze glitt. Jemand würde sie sicherlich bald aufsammeln, um Pfand dafür zu kassieren.

Screenpaper waren die günstige Alternative zu digitalen Kontaktlinsen und erlaubten dem Nutzer ebenfalls Zugriff auf seinen Safe. Die Folien waren etwas größer als meine Handflächen, biegsam und so dünn, dass sie schnell verschlissen.

Die Leute um mich herum starrten in die scheinbare Leere. Über ihre Kontaktlinsen schauten sie vermutlich Videos, lasen Nachrichten oder checkten ihre Termine. Über Ohrstöpsel mit integriertem Mikro wurden sie mit der nötigen Tonspur versorgt. Viele trugen die Stöpsel den ganzen Tag über.

Mich beachteten die Mitreisenden nicht, genauso wenig wie die Einblendungen auf den Scheiben der Bahn, die Neuigkeiten und Anschlussinformationen verkündeten. Wir gingen in der Schärfentiefe verloren.

Im Laufe der letzten fünf bis zehn Jahre war unsere Welt zu einem großen Display geworden. Wände, Tischplatten, Scheiben … Es gab sogar ein Spray, mit dem man Displays an Oberflächen und auf Objekte sprühen konnte. Vor allem aber wurden die digitalen Kontaktlinsen immer beliebter.

Ich kramte den Behälter hervor, den der Hacktivist mir gegeben hatte. Als ich die Linsen einsetzte, tauchten am unteren Rand meines Sichtfelds in schneller Abfolge einige Zahlen und Buchstaben auf. Das kannte ich schon. Die Authentifizierung, die es brauchte, um auf meinen Safe zugreifen zu können. Der Prozess dauerte ein bis zwei Sekunden. Dann jedoch blinkten die Worte *Bereit für Initialisierung* auf. Der Satz erschien dreimal hintereinander in roter Schrift, als hätte ich auf den Auslöser für eine nukleare Katastrophe gedrückt.

Vor meinen Augen schwebten zwar keine Bilder von Napoleon Bonaparte, aber irgendetwas stimmte trotzdem nicht. Ich nahm die Kontaktlinsen heraus und prüfte sie. Sie sahen aus wie jedes andere Paar. Ich konnte keine Beschädigung erkennen. Doch jedes Mal, wenn ich sie einsetzte, tauchte die Abfolge von Zahlen und Buchstaben gefolgt von dem Hinweis *Bereit für Initialisierung* auf.

So ein Mist. Ich war drauf und dran, umzukehren und die Schule für den Tag sausen zu lassen, aber das konnte ich mir bei meiner Statistik nicht erlauben. Ich musste bis zum Nachmittag warten. Also beschloss ich, die Kontaktlinsen bis dahin zu tragen, in der Hoffnung, dass sie sich noch regulär aktivieren würden.

Als ich kurz darauf ins Klassenzimmer stolperte, hatte der Unterricht bereits begonnen. Ich erblickte Ben auf der gegenüberliegenden Seite des Raumes. Er war von Emma und Rajika umzingelt. So viel zu dem Versprechen, er würde seiner besten Freundin immer einen Platz freihalten.

Ich ließ meine Tasche auf einen der Stühle fallen und beugte mich über den Schreibtisch, um mich in mein Schülerprofil einzuloggen. Da ertönte die Stimme meiner Lehrerin Lucía neben mir: „Nora-Sophie."

Ich konnte es nicht ausstehen, wenn man mich mit meinem normalen Vornamen ansprach. Meine Freunde sagten Mav zu mir und das gefiel mir. Ich nahm es meinen Eltern nicht übel, dass sie mich auf diesen dämlichen Doppelnamen getauft hatten. Sie hatten nun mal keinen Geschmack.

Ich richtete mich auf. „Lucía", gab ich zurück.

„Schön, dass du uns endlich beehrst." Sie verschränkte die Arme vor der Brust. „Du bist zu spät."

„Hat nicht Einstein gesagt, dass Zeit relativ ist?", wandte ich ein. „Außerdem: besser zu spät als nie. Sagt man doch so, oder?"

Das entlockte einigen Mitschülern ein Kichern.

Das Zucken in Lucías linkem Augenlid brachte sie zum Schweigen. Das bedeutete nichts Gutes. Die schlauen Bemerkungen hätte ich mir besser verkniffen. Lucía trug eine übertrieben große Föhnwelle. Wenn sie durch den Raum schritt, wippte ihr Haar hin und her wie ein Weizenfeld, das von einer Windbö erfasst wurde. In diesem Moment wippte ihre Haarpracht jedoch nicht. Sie bebte.

Ich drehte mich zu meinen Mitschülern um. Es war totenstill. Von denen würde ich keine Unterstützung bekommen.

„Meinst du nicht, dass es langsam genug ist?", fragte Lucía.

Wollte sie jetzt echt minutenlang über mein Zuspätkommen von fünf Sekunden diskutieren?

Schulterzuckend erwiderte ich: „Eigentlich nicht."

„Das reicht", sagte sie und deutete auf die Tür. „Komm mit. Jetzt."

Ein Raunen ging durch die Klasse.

Ich folgte ihr auf den Flur und machte mich auf eine Standpauke gefasst.

„Gibt es etwas, über das du reden möchtest?", fragte Lucía stattdessen mit veränderter Stimme, sobald sie die Tür hinter uns geschlossen hatte.

Ich verschränkte die Arme vor der Brust. „Du hast um dieses Gespräch gebeten."

„Weil du dich in letzter Zeit sehr auffällig verhältst."

„Ich war fünf Nanosekunden zu spät. Das würde ich nicht als auffällig bezeichnen."

„Du neigst zu Übertreibungen."

„Untertreibungen."

„Nora-Sophie, bitte!" Lucía stieß einen Seufzer aus. „Genau das meine ich. Deine trotzige Haltung. Es kann so einfach sein, zu kooperieren. Wieso widersetzt du dich immer?" Sie stützte die Hände in die Hüften. „Hat es mit deinen Eltern zu tun?"

Oh. Jetzt kam *die* Frage.

„Glaubst du immer noch, dass es die richtige Entscheidung war, hierzubleiben?", hakte sie nach.

„Ich komme sehr gut zurecht", stellte ich klar.

„Ich möchte nur sichergehen, dass bei dir zu Hause alles in Ordnung ist."

„Du brauchst dir deshalb keine Sorgen zu machen", sagte ich.

„Wie geht es deiner Großmutter? Versteht ihr euch?"

Ich lachte. „Meine Oma ist der Wahnsinn. Manchmal glaube ich, dass sie und meine Mutter bei der Geburt vertauscht wurden. Meine Oma wäre das viel chilligere Kind gewesen."

Lucía legte die Stirn in Falten. Sie teilte meinen Sinn für Humor nicht. Leider ging es mir mit den meisten Erwachsenen so.

„Zwischen uns ist alles bestens", ergänzte ich.

„Wenn das so ist, dann halte dich ab jetzt bitte an die Regeln und komm pünktlich zum Unterricht." Lucías Besorgnis war schnell verebbt. „Außerdem gibt das einen Vermerk in deinem Schülerprofil. Deine Großmutter wird elektronisch darüber informiert. Mal schauen, wie chillig sie das findet."

Ich schluckte den Impuls zu protestieren herunter.

Als wir in den Klassenraum zurückkehrten, sah Ben mich besorgt an. Aufmunternd zwinkerte ich ihm zu. Er hatte mich schon in brenzligeren Situationen erlebt.

Für einen Eintrag ins Schülerkonto reichte es diesmal aber auch. Und der Geschichtstest, der danach folgte, machte den Morgen nicht besser.

Donnerstag, 14:05 Uhr

Die Fehlleistung, die ich im Test ablieferte, übertraf meine schlimmsten Erwartungen. Genauso gut hätte ich die Zeit damit verbringen können, mit Cutie zu plaudern. Dabei hätte ich nur deutlich mehr Spaß gehabt.

Ben und ich verließen nach dem Unterricht gemeinsam das Schulgebäude. Der kalte Februarwind pfiff uns um die Ohren.

„Wenn ich doch nur meine Kontaktlinsen gehabt hätte." Genervt zog ich an dem Screenpaper, das ich aus den Untiefen meines Rucksacks geborgen hatte. Es umfasste mein Handgelenk wie eine zweite Haut. Die digitale Folie musste bis zu meinem nächsten Treffen mit dem Hacktivisten als Ersatz für die Kontaktlinsen herhalten. Noch hatten sich die Linsen, die er mir gegeben hatte, nicht aktiviert.

„Irgendwann erwischen sie dich beim Schummeln und dann wirst du suspendiert", sagte Ben mit strengem Blick. „Oder Schlimmeres."

Ich verzog das Gesicht. „Du weißt, wie sehr ich diese Wissenstests hasse", sagte ich. „Außerdem ist der Code mein geistiges Eigentum. Dahinter verbirgt sich mehr Arbeit, als einige Lehrer in den Unterricht stecken."

Ben legte mir die Hand auf die Schulter. „Du weißt schon, dass ich dich nur ärgern will, oder?", sagte er und deutete auf mein Screenpaper. „Wir sind alle genauso abhängig von den Teilen wie du. Du bist wenigstens in der Lage, sie auch zu verstehen. In Wirklichkeit bist du die Cleverste von uns allen."

Ich fühlte mich geschmeichelt. Ben und ich waren schon lange beste Freunde. Doch für gewöhnlich zogen wir einander lieber auf als ernst gemeinte Komplimente auszutauschen.

Wir hatten uns sofort verstanden, als wir gemeinsam in die fünfte Klasse gekommen waren. Das war nicht lange nach Bens Unfall gewesen. Am ersten Schultag humpelte er in den Unterricht. Alle Kinder hatten ihn angestarrt. Seine Größe verriet, dass Ben etwa ein Jahr älter war als die meisten von uns. Auch ich hatte ihm damals neugierig hinterhergeblickt. Während die anderen über ihn tuschelten, war ich jedoch direkt in der ersten Pause auf Ben zugegangen und hatte ihn angesprochen. Seitdem waren wir Freunde.

Ich blickte zu Ben auf. Er überragte mich noch immer um einen Kopf. Seine graublauen Augen scannten den Schulhof. In diesem Moment strahlten sie absolute Zufriedenheit aus. Er hatte gelernt und war sich schon jetzt sicher, dass er bei dem Test gut abgeschnitten hatte. Für einen Moment befürchtete ich, dass er das Kompliment nur ausgesprochen hatte, um mich von meinem schulischen Versagen abzulenken.

„Ben!", trällerte jemand hinter uns.

Noch bevor ich mich umdrehte, wusste ich, zu wem diese schrille Stimme gehörte. Sie klang wie Gummireifen auf Asphalt. Bei einer Vollbremsung.

Emma winkte uns zu. Genauer gesagt, sie winkte Ben zu. „Soll ich dich wieder mitnehmen? Ich hab heute das Auto von meiner Mutter."

Wie nett von ihr. Ich fragte mich, ob sie mir nicht aus Höflichkeit das gleiche Angebot hätte machen können.

Ben rieb sich mit der Hand über den Nacken. „Danke. Aber ich fahr mit der Bahn."

„Bist du sicher?"

„Mach dir keine Umstände. Ich komm die Tage sicherlich drauf zurück."

Er log.

„Wie du meinst. Dann bis morgen." Damit gab Emma vorerst auf. Sie trabte zum Parkplatz wie ein Pferd in die Manege.

Ich konnte sie nicht ausstehen. Das lag unter anderem daran, dass sie immer mit Miley zusammenhing. Miley wiederum war nach einer alten Popsängerin benannt und hatte Ben vor einiger Zeit das Herz gebrochen. Das reichte, um sie nicht leiden zu können.

„Jetzt wirst du sie nicht mehr los", platzte es aus mir heraus, sobald Emma außer Hörweite war.

„Red nicht so", tadelte Ben mich und bewies mal wieder, dass er der Ältere und Vernünftigere von uns war.

„Ach, komm schon. Die ist von den Haarspitzen bis zu den Zehennägeln falsch und aufgesetzt. Du sagst doch immer, dass du eher auf den natürlichen Typ stehst …"

„Waren wir nicht eben noch bei einem anderen Thema?", blockte Ben ab.

Es hatte offensichtlich keinen Sinn, eine Diskussion über Emma loszutreten.

„Ich geh gleich zum Hacktivisten", lenkte ich deshalb ein. „Kommst du mit?"

Ben sah zu Boden, als würde er seinen Kalender prüfen, und murmelte etwas von einem Referat.

Ich musterte ihn von der Seite. Mein Blick blieb an der Narbe über seinem Ohr hängen. Die schmale, kahle Stelle war eine stetige Erinnerung an die Verletzungen, die er bei seinem Autounfall erlitten hatte. Ben schlurfte damals in die Klasse, weil er an seinem linken Bein eine Prothese trug. Er war vom Knie abwärts gelähmt. Eine Carbonhülle legte sich wie eine zweite Haut um seinen Unterschenkel und den Fuß. Sie ließ sich über einen Chip im Kopf steuern. Bewegungssignale wurden so an die Prothese weitergeleitet.

Ben musste sich kaum anstrengen, um einen Fuß vor den anderen zu setzen. Der reine Gedanke an den nächsten Schritt sorgte für den geschmeidigen Bewegungsablauf. Experten nannten das „intuitive Steuerung". Ich nannte es verdammt brillant.

Jetzt war Ben der athletischste Junge, den ich kannte. Kein anderer in unserem Jahrgang sprintete so schnell wie er.

„Wir können später noch einen Film schauen, wenn du willst", riss seine Stimme mich aus meinen Gedanken.

„Okay", nickte ich. „Aber du verpasst die ganze Action. Der Hacktivist kann sich auf was gefasst machen."

Donnerstag, 14:42 Uhr

Entschlossen stieß ich die Tür auf und marschierte in Mareks Laden. „Sag mal, was hast du mir eigentlich für Schrottteile …" Ich hielt inne.

Der Tresen war unbesetzt.

Ein holzig-maskuliner Geruch hing in der Luft.

Über die Wand lief ein Newsfeed mit den Neuigkeiten des Tages. Das Gesäusel der Sprecherin war nicht mehr als ein Hintergrundgeräusch.

„Hackti-", setzte ich an und berichtigte mich sofort: „Marek?"

Ich machte einen Schritt nach vorn und spürte einen leichten Widerstand unter der Schuhsohle. Es knackte, als der Gegenstand unter meinem Gewicht nachgab. Irritiert trat ich beiseite. Der zerbrochene Kunststoff eines leeren Linsenbehälters schimmerte mir smaragdgrün entgegen.

Unbehagen breitete sich in mir aus. Es entstand in der Magengegend und kroch langsam hinauf über meine Brust in die Kehle. Ich war fast jeden Tag in diesem Laden. Der Hacktivist war immer sofort zur Stelle. Etwas stimmte nicht.

Ich näherte mich dem Ladentisch.

„Marek?", fragte ich mit schwacher Stimme.

Ich erstarrte vor dem Tresen, als ich einen blutigen Handabdruck auf der Glasplatte sah – und dahinter auf dem Boden Mareks starre Augen.

27

Ich konnte nicht einmal schreien. Der Laut blieb mir im Hals stecken. Ich glaubte, daran zu ersticken. Mein Brustkorb zog sich zusammen, als schnürte ihn ein unsichtbarer Draht ein.

Mareks Körper lag inmitten einer Blutlache. Die rote Flüssigkeit trat aus einem kleinen Loch in seiner Brust. Sie schimmerte im Licht des Displays.

„Marek." Ich stürzte an seine Seite, rüttelte an dem Körper. Er war schwer und leblos. Nein, nein, nein! Das konnte nicht sein. Ich grub die Finger in seine Schultern. Heute Morgen hatte ich doch noch mit ihm gesprochen, alles war wie immer gewesen.

Entsetzt sah ich mich um. Mein Blick wanderte vom blutigen Handabdruck zur schimmernden Glasfläche über mir. Dort starrte ich mir selbst in die Augen.

Auf dem Display des Tresens leuchtete mein eigenes Profil. Genauso, wie ich es heute Morgen zuletzt gesehen hatte. Neben meinem Bild waren meine Einkaufshistorie und meine Profildaten zu sehen.

Ich sprang auf. Das Entsetzen wich Panik. Die blutige Hand lag auf meinem Profil, als würde sie nach mir greifen und mich zu Marek herunterziehen wollen. Ohne weiter darüber nachzudenken, berührte ich das Display und schloss mein Profil.

Dann stolperte ich zurück und lief davon.

Die darauffolgenden Minuten zogen wie im Zeitraffer vorbei. Das Bild des toten Hacktivisten schwebte vor meinen Augen wie ein Geist, der mich verfolgte. Ich nahm die Welt um mich herum kaum wahr. Stattdessen sah ich Sterne. Blut. Mareks aufgerissene Augen.

Erst als ich in meine Wohnung stolperte und die Tür hinter mir verriegelte, fand ich wieder in die Realität zurück.

„Willkommen", begrüßte Cutie mich mit fröhlicher Stimme.

Ich fiel vor ihm auf die Knie und brach in Tränen aus.

„Mav, ist alles in Ordnung?" Cuties Stimme klang monoton. Mein Schluchzen war ein nicht zu entschlüsselnder Code für ihn.

Ich wischte mir die Tränen von den Wangen und sah, dass sich die salzige Flüssigkeit mit Spuren von Blut vermischte. Es klebte an meinen Händen. Ich sprang auf und lief ins Bad, um es mit hektischen Bewegungen abzuwaschen. Übelkeit stieg in mir auf.

Ich hatte gerade einen Freund tot aufgefunden, der offensichtlich einem Überfall zum Opfer gefallen war. Doch wer hatte ihn erschossen? Und warum war mein Kundenkonto geöffnet gewesen?

Ich wusste nicht, ob es mit dem Mord zusammenhing, aber ich wurde das Gefühl nicht los, dass das kein Zufall war. Und nun hatte ich auch noch überall Spuren hinterlassen.

Meine Schläfen pulsierten schmerzhaft. In meinem Kopf hämmerte es. Nichts ergab Sinn. Ich konnte nicht begreifen, was ich eben mit eigenen Augen gesehen hatte.

Auf dem Dach über mir klapperte es und ich zuckte zusammen.

„Roboterarme", seufzte ich dann.

Warum mussten sie immer zum unpassendsten Zeitpunkt die Solaranlage reinigen?

„Die Robots sind inaktiv", sagte Cutie.

Ich erstarrte bei seinen Worten.

„Die Robots sind inaktiv", wiederholte ich.

Natürlich. Hatten sie nicht erst heute Morgen die Solarzellen geputzt?

Reflexartig schaute ich zur Decke, auch wenn ich dort nur die Plexiglasplatten sah, unter denen sich das Beleuchtungssystem befand. Dann konzentrierte ich mich wieder auf das Geräusch. Das waren keine Wischbewegungen. Es waren Schritte. Sie näherten sich über den Feuerfluchtweg der Dachterrasse.

„Da ist jemand", flüsterte ich.

Mein Herz überschlug sich vor Angst.

„Soll ich die Tür öffnen?", fragte Cutie.

Entsetzt hielt ich ihm die Hände vor das runde Gesicht, als könnte ich ihn damit zum Schweigen bringen. Durch das Milchglas beobachtete ich, wie eine Gestalt auf die Balkontür zuschlich. Jemand machte sich an der Verriegelung zu schaffen. Ein Einbrecher.

Ich huschte in die Abstellkammer und schloss die Tür. Mit zitternden Beinen stolperte ich zwei Schritte zurück und stieß mit den Schultern gegen die Wand. Ich war gefangen auf zwei Quadratmetern, umzingelt von Putzeimern und Reinigungsmitteln. Der Raum schien noch enger zu werden, als ein lautes Knacken und Schritte auf dem Dielenboden ertönten.

„Einen wunderschönen guten Tag!", hörte ich Cutie ausrufen, gefolgt von einem dumpfen Knall.

Ein Schuss. Der Einbrecher hatte einfach abgedrückt.

Ich hielt die Hand vor den Mund, um ein Wimmern zu unterdrücken.

Im Wohnzimmer polterte es mehrmals.

Ich sah mich in der Abstellkammer um. Es gab keine Fluchtmöglichkeit. Wollte ich aus der Wohnung verschwinden, musste ich durch das Wohnzimmer – direkt an dem Einbrecher vorbei.

Das Screenpaper an meinem Handgelenk leuchtete auf. Es informierte mich darüber, dass die Balkontür aufgebrochen worden war, und fragte, ob ich den Notruf tätigen wolle. Ja!

Ein Countdown erschien, sobald ich bestätigt hatte: *Einsatzkräfte in circa 16 Minuten vor Ort.*

16 Minuten? Der Eindringling war *jetzt* in meiner Wohnung, nur wenige Meter entfernt. Er konnte jeden Moment auf den Abzug drücken und mein Leben würde so enden wie Mareks. Jede Minute war eine Minute zu viel. Sechzehn waren eine Ewigkeit.

Ich musste selbst eine Lösung finden.

Mit zitternden Fingern wählte ich mich in das System der Wohnung ein. In allen Zimmern befanden sich Sensoren, die erkannten, wenn sich jemand im Raum befand. Sobald sie eine Person erfassten, stimmte das System Beleuchtung und Temperatur auf die Anzahl der Anwesenden ab. Deshalb war auch sofort das Deckenlicht in der Abstellkammer angesprungen, sobald ich sie betreten hatte.

Wenn sich ein Unbekannter in meinem Zuhause befand, dann … Bingo.

Auf dem Screenpaper erschien der Grundriss der Wohnung: Zwei grüne Figuren schimmerten auf dem Display. Eine an der Stelle, an der sich die Abstellkammer befand – ich. Die andere im Wohnzimmer, zwischen Sofa und Regal – der Einbrecher.

Der zweite Punkt bewegte sich auf die Abstellkammer zu. Ich hielt die Luft an.

Er bog ab und ging in Richtung meines Zimmers. Es polterte erneut.

Mühsam sog ich die stickige Luft in der Kammer ein.

Die Erinnerung an Mareks Leiche ließ mich erneut auf dem Screenpaper herumtippen. Ich durchsuchte meinen Safe, öffnete Funktionen und schloss sie wieder. Meine Finger flogen über das papierdünne Display. Es musste irgendetwas geben, das mir in dieser Situation helfen konnte. Wozu besaß ich dieses verdammte Teil, wenn es nicht mehr konnte, als die Temperatur in meiner Wohnung zu steuern und die Neuigkeiten des Tages anzuzeigen?

Ich blinzelte. Vielleicht war genau das die Lösung.

Rasch stellte ich sicher, dass der Eindringling noch in meinem Zimmer war. Tatsächlich, er bewegte sich kreuz und quer durch den Raum.

Ich musste jetzt handeln. Also wählte ich das richtige Video und die passenden Einstellungen aus und begab mich in Position. Sobald ich die Play-Taste drückte, würde ich blitzschnell reagieren müssen. Wenn mein Plan nicht aufging, hatte ich mehr als schlechte Karten. Jede falsche Bewegung konnte mich mein Leben kosten.

Ich zog das Screenpaper an meinem Unterarm fest und atmete tief durch. Dann presste ich Play, stieß die Tür auf und stürmte aus der Kammer. Ich stolperte über Cutie, der auf dem Boden lag, und landete auf allen vieren. Mit einem unterdrückten Fluchen sprang ich auf und lief zur Tür. Aus dem Augenwinkel sah ich den Unbekannten aus dem Schlafzimmer rennen. Dann aber schreckte er vor der Bestie zurück, die vor ihm stand. Er setzte zwei Schüsse in die Wand und krachte rücklings zu Boden.

Der Einbrecher hatte versucht, die 3D-Projektion von White Collar, dem geklonten Kragenbär, zu erschießen. Das Angriffsvideo des Tieres hatte ihn genauso kalt erwischt wie mich am Morgen. Mit freundlicher Unterstützung des Cloning-Centers.

Ich zog an der Klinke. Die Wohnungstür war verschlossen. Panisch starrte ich in den Irisscanner, um sie zu entriegeln. Mir blieb keine Zeit, einen Blick über die Schulter zu werfen. Gerade als ich die Wohnungstür aufriss, schlug eine Kugel im Rahmen ein.

Ich warf die Tür hinter mir zu und lief.

Ich lief, so schnell ich konnte.

Als ich aus dem Haus stolperte, hatte ich keine Ahnung, welche Richtung ich einschlagen sollte. Ich wollte nur noch weg. Ziellos rannte ich die Häuserreihe entlang.

Hinter der nächsten Straßenecke kam mir ein Radfahrer entgegen. Im letzten Moment riss er den Lenker herum und fuhr fluchend davon. Beinahe wäre ich gestolpert, doch zum Glück bekam ich meine Beine wieder unter Kontrolle.

Ich lief immer weiter, bis meine Füße schmerzten und meine Lunge brannte.

Erschöpft bog ich in eine Gasse ein, lehnte mich gegen eine Hauswand und schnappte nach Luft. Die Mauer stemmte sich kühl gegen meinen Rücken. Mir wurde schwarz vor Augen. Nein, nicht jetzt. Ich fasste mir an die Brust und sog so viel Luft in die Lungen, wie ich konnte.

„Nora-Sophie Ruiz?"

Ich fuhr zusammen.

Eine große Gestalt stand am Eingang zur Gasse und streckte die Hand in meine Richtung aus. Die Schatten der Hauswände tauchten den Unbekannten in Grautöne und ließen ihn wie ein Phantom erscheinen. Der Mann trug eine Sonnenbrille. Mit seiner hageren Erscheinung ähnelte er der Figur Hawk aus meinem Lieblingsfilm *Hawk & Fox*.

„Ich will dir nichts tun", sagte der Mann mit leicht nasaler Stimme.

„Sind Sie von der Polizei?", fragte ich.

Die lebensechte Ausgabe Hawks schnaubte. „Das hättest du wohl gerne." Er näherte sich. Sein Gesicht trat kantig hervor. Er hatte eine Hakennase, die hervorstach wie der Saugrüssel einer Fliege. „Du gehst auf keinen Fall zur Polizei, hörst du?"

Der Mann griff in die Innentasche seines Mantels.

Nein. Ich würde mich bestimmt nicht in dieser Gasse erschießen lassen. Bevor ich erkennen konnte, was er aus seiner Tasche hervorzog, sprintete ich wieder los.

„He, bleib stehen!", rief der Hawk-Doppelgänger mir hinterher.

Ich erwartete einen Schuss. Stattdessen hörte ich, wie sich hinter mir Füße in Bewegung setzten und mir zügig folgten. Jeder Atemzug tat weh. Doch Stehenbleiben war keine Option. Keuchend erreichte ich eine S-Bahn-Station und lief die Stufen zu den Gleisen hoch. Ich musste mich an mehreren Passanten abstützen, um nicht rückwärts die Treppe hinunterzusausen. Oben angekommen lehnte ich mich im Laufen über die Sicherheitsschranke, um meine Iris scannen und mich als Trägerin eines Fahrausweises identifizieren zu lassen. Die Absperrung klappte ruckartig auf.

„Nora-Sophie!", erklang die Stimme des Fremden und erinnerte mich daran, dass ich nicht in Sicherheit war.

Einige der Anwesenden drehten sich um.

„Hilfe! Er ist verrückt! Lasst ihn nicht durch!", rief ich und rannte auf den Bahnsteig.

Die S-Bahn stand mit geöffneten Türen da, als hätte sie nur auf mich gewartet. Mit einem Satz sprang ich in den nächstbesten Wagen.

Mein Verfolger kletterte über die Absperrung und stürmte ebenfalls auf den Bahnsteig. Die Gläser seiner Sonnenbrille blitzten bedrohlich.

Ein Signal ertönte. Die Bahntüren begannen, sich zu schließen. Warum ging das nicht schneller? Hawk hastete auf das Abteil zu, in dem ich stand. Er warf sich mit der Schulter in die Tür, bevor sie vollständig zugehen konnte. Entsetzt sah ich dabei zu, wie sich mein Verfolger in den Wagen schob. Ich wich zurück.

Plötzlich packte ihn jemand von hinten, zerrte ihn zurück auf den Bahnsteig und stieß ihn zu Boden. Mit einem lauten Piepen schloss sich die Waggontür, diesmal komplett.

Ich presste mich gegen die Scheibe und beobachtete das Geschehen auf der anderen Seite. Als die Bahn anfuhr, sah ich noch, wie der unbekannte Retter mit dem Hawk-Doppelgänger rang und ihm einen Hieb ins Gesicht verpasste. Dann rollte der Zug aus der Station und die Szene wurde zu einem losen Stück in einem immer größer werdenden Puzzle.

Mit wackligen Beinen sank ich auf einen der Sitzplätze. Ich fiel in mich zusammen wie ein Crashtest-Dummy nach seinem letzten Einsatz. Langsam wich der stechende Schmerz aus meinen Lungenflügeln. Ich wischte mir die Tränen aus den Augenwinkeln.

Marek war tot.

Nie wieder würde ich in seinen Laden spazieren und ihn um Rat fragen können. Er war in den letzten zwei Jahren zu einem festen Bestandteil meines Lebens geworden. Ich konnte nicht begreifen, dass er fort war.

Bei unserem Kennenlernen war ich elf Jahre alt gewesen. Es war das erste Mal, dass meine Schwindelanfälle akut geworden waren. Ich hatte mich mit einem mutierten Virus angesteckt und litt seitdem unter den Nachwirkungen: Schwindel, Übelkeit, Erschöpfung. Das Virus hatte damals eine Pandemie ausgelöst, die mehrere Jahre andauerte.

Mein Arzt verschrieb mir zur ständigen Überprüfung die medizinischen Kontaktlinsen. Von da an analysierten sie rund um die Uhr meine Augenflüssigkeit und maßen den Augeninnendruck.

Schon damals hatte Marek mir kleine Programmiertricks gezeigt. Alles, was ich über das Codieren wusste, hatte er mir beigebracht. Anfangs hatte er mir nur die Ursachen für Fehlfunktionen erklärt und wie man sie beheben konnte. Später zeigte er mir auch einfache

Hacks. Wir sprachen dabei oft über die Zeit vor dem Reboot.

„Das Internet war der Wilde Westen der Technologie", hatte Marek einmal gesagt. „Es war wie Autofahren, als es noch keine Sicherheitsgurte oder Airbags gab." Er hatte immer weiter erzählt, während er einen meiner Programmierfehler auf den Linsen zu beheben versuchte. Die traten ziemlich häufig auf. „Die Vernetzung wurde lückenlos. Damals geschah alles in Echtzeit, nichts blieb undokumentiert. Fast vier Jahrzehnte lang hat man unkontrolliert Daten produziert, sie der Welt zugänglich gemacht, über staatliche Grenzen hinweg. Frei, aber ungeschützt. Bis das Gefühl der Freiheit auf einmal einer großen Beklemmung wich und – bäm!" Marek schlug so fest auf die Glasplatte vor ihm, dass ich zusammenzuckte. „Was weißt du über den Reboot?"

„Es war die Löschung des Internets", hatte ich geantwortet. „Ein Neustart für alle."

Ich hatte mich zwar vor meinem sechsten Lebensjahr und somit schon vor dem Reboot im Netz bewegt – meiner Oma zufolge hatten meine Eltern massenweise Fotos von mir geteilt, mich Onlinegames spielen lassen und mich bei Videotelefonaten in die Kamera gehalten –, aber ich erinnerte mich daran ungefähr so gut wie an meinen ersten Geburtstag. Nämlich gar nicht.

Marek schüttelte den Kopf. „Es war eine Reform. Die Technologieunternehmen hatten zu viel Einfluss gewonnen, massenhaft Nutzerdaten gesammelt und sie gegen Profit an Dritte weitergeben, die sie zu ihren Zwecken missbrauchten. Daten sind Macht, Mav. Mit ihrer Hilfe konnten internationale Konzerne, fremde Regierungen, aber auch Hacker die Bürger ausspähen, bedrohen und manipulieren. Trotz dieser Gefahren waren wir damals freier als heute. Wir waren global vernetzt, waren alle miteinander verbunden. Über das Internet fanden gesellschaftliche und politische Umbrüche statt. Manipulationen genauso wie Revolutionen. Es war Fluch und Segen zugleich. Einige Staaten wie China haben sich deshalb früh digital abgeschottet. Natürlich auch, um die eigene Bevölkerung unter Kontrolle zu halten und keine Beeinflussung von außen zuzulassen. Dabei war es nicht die Technologie, die an der Veränderung schuld war. Es waren die Menschen und ihr Umgang mit ihr", hatte Marek erklärt. „Die bestgemeinte Erfindung kann in den falschen Händen großen Schaden anrichten. Ob das im Sinne des Erfinders ist, spielt dann keine Rolle mehr. Diese Kontaktlinsen hier sind das perfekte Beispiel. Jemand hat sie entwickelt, damit du gesund bleibst, und du missbrauchst sie für deine Klausuren."

„Nice try", hatte ich seinen Versuch, mich zu belehren, abgeblockt.

„Aber du weißt, was ich meine."

Ich hatte nur die Stirn gerunzelt. „Denkst du, dass der Reboot ein Fehler war?"

„Sie haben das alte Internet kaputt gemacht, Mav. Sie haben virtuelle Grenzen errichtet. Großbritannien, Russland, die USA, die EU … Der globale Austausch von Informationen und Daten wurde eingeschränkt. Einige Unternehmen zogen sich zurück, andere gingen pleite, neue sind entstanden. All das geschah zum Schutz der Nutzer, wie es hieß. Nur: Sind wir dadurch wirklich sicherer? Die Art, wie wir kommunizieren, denken, leben, hat sich seitdem völlig verändert. Die Nutzer sind vorsichtiger geworden. Alles ist wieder lokaler – doch die Probleme sind deshalb nicht weniger geworden. Schau dir dein Screenpaper oder deine Kontaktlinsen an. So gut wie nichts wird darauf physisch gespeichert. Klaut dir einer das Teil, dann hat er nichts in der Hand außer einem Stück Elektronik."

„Und was ist so schlimm daran?"

„Die Barrieren sind immer stärker geworden. Das stimmt schon. Aber zu welchem Preis? Wir haben einen Teil unserer Freiheit verloren. Mittlerweile musst du dich für alles authentifizieren, hinterlässt genau wie früher überall digitale Spuren. Und ob diese Daten auf zehn Servern in Europa verteilt sind oder ob sie auf einem in den USA liegen: Solange Daten gespeichert werden, sind sie nicht sicher."

„Sie brauchen nur in die falschen Hände zu geraten", hatte ich seine Worte wiederholt, als ich erkannte, dass sie auch auf seine Geschichte als Hacker zutrafen.

Jetzt war Marek tot und ich wurde verfolgt.

Was sollte ich tun? Ich hatte keine Ahnung, wieso der Hawk-Doppelgänger hinter mir her war. Oder wer er überhaupt war.

Ich brauchte Hilfe.

Kurzentschlossen aktivierte ich das Screenpaper, um damit Verbindung zu Ben aufzunehmen. Sein Gesicht tauchte nach wenigen Sekunden auf der Folie auf.

„Hey!", erklang seine Stimme in meinem Ohrstöpsel.

„Ben, wo bist du?", flüsterte ich.

„Zu Hause. Ich wollte gerade …"

„Du musst mir helfen", unterbrach ich ihn. „Ich werde verfolgt."

„Sehr komisch", gab er zurück.

„Das ist kein Witz. Auf mich wurde geschossen."

Der Mann neben mir sah mich aus den Augenwinkeln an. Dann stand er auf und setzte sich auf die andere Seite des Wagens, als wäre ich komplett durchgeknallt.

„Spielst du wieder diesen virtuellen Krimi?", fragte Ben. „Wir hatten doch schon festgestellt, dass das nichts für dich ist. Verfolgungswahn und so."

„Das ist kein Spiel", entfuhr es mir. Ich sprach weiter, bevor er auch diese Aussage anzweifeln konnte: „Jemand hat den Hacktivisten erschossen und jetzt ist der Mörder hinter mir her."

„Was? Bist du dir sicher?"

Was für eine Frage. Aber ich konnte Ben nicht verübeln, dass diese Nachricht für ihn schwer zu begreifen war. Ich hätte auch lieber an eine andere Wahrheit geglaubt. An eine Wahrheit, bei der Marek lebendig hinter seinem Tresen stand.

„Ich hab ihn gesehen", flüsterte ich. „Er ist tot, Ben. Und jetzt hat sein Mörder es auf mich abgesehen. Der Typ hat auf Cutie geschossen. Er ist mir gefolgt. Bis dieser andere Kerl aufgetaucht ist und ihn davon abgehalten hat, mich anzugreifen."

„Stopp. Welcher andere Kerl?", fragte Ben verwirrt.

„Ich weiß es nicht!"

Kein Wunder, dass er nicht mitkam. Ich verstand es ja selbst nicht.

„Lass mich kurz nachdenken." Ben fuhr sich mit der Hand über die Stirn. „Wir stehen das zusammen durch, klar?", versprach er mit gefasster Stimme.

Ich nickte. Sofort wurde ich ruhiger.

„Wo bist du jetzt?", wollte er wissen.

„In der S2."

„Steig bei der nächsten Station aus und schick mir deinen Standort. Ich werde die Polizei …"

Bens Gesicht verschwand von der Oberfläche. Stattdessen stand in schwarzen Lettern das Wort *Verbindungsfehler* auf dem transparenten Display.

„Ben?", fragte ich.

Er war weg.

Ich rieb mit dem Ärmel über das Screenpaper. Vielleicht hatte ich zu viel Energie verschwendet. Durch die Reibung konnte ich es schneller aufladen. Andererseits hatte das Screenpaper die ganze Zeit über an meinem Arm gehaftet. Es hatte also eigentlich ausreichend Zeit gehabt, sich mithilfe meiner Körperwärme aufzuladen.

Ich versuchte, mich erneut einzuloggen. *Profil nicht erkannt* stand auf dem Display, nachdem meine Iris gescannt worden war. Wie war das möglich?

Auf einem der leeren Sitze lag ein abgenutztes Screenpaper. Ich schnappte es mir und probierte erneut, mich einzuloggen. *Profil nicht erkannt.*

Verdammt! Irgendetwas blockierte mir den Zugang zu meinem Safe – und zu der Welt, die sich darin befand. Mein ganzes Leben war mit dem Safe verknüpft. Bankkonten, Ausweise, Reisedokumente, Termine, medizinische Check-ups, Kontaktdaten, Medien. Ohne Zugriff auf mein Profil war ich abgeschnitten von Ben, meiner Familie, von allen, die ich kannte.

Das Quietschen der Schienen riss mich aus meinen Gedanken. Die S-Bahn fuhr in die nächste Station ein. Auf den Scheiben erschien eine digitale Bahnmitarbeiterin in vielfacher Ausführung wie in einem Spiegelkabinett. Sie verkündete den Namen der Haltestelle und wies darauf hin, in Fahrtrichtung links auszusteigen.

Ich verließ den Wagen. Einen Moment lang stand ich verloren auf dem Bahnsteig. Mit den Fingern fuhr ich über das Screenpaper an meinem Arm. Ohne Zugang zum Safe konnte ich mir nicht einmal die Route zu Bens Haus anzeigen lassen.

Nachdem bereits die nächste Bahn eingefahren war, lief ich zum Ausgang. Doch als ich meine Iris scannen ließ, um durch die Absperrung zu kommen, ertönte ein Fehlersignal. Das war ja wohl ein schlechter Witz. Ich versuchte es erneut und rüttelte an der Absperrung. Keine Chance. Natürlich nicht.

Prüfend sah ich mich um. Dann nahm ich Anlauf und sprang über die Absperrung. Ich lief die Treppe zur Straße hinab, ohne die geringste Idee, was ich als Nächstes tun sollte.

Kaum hatte ich den Fuß auf den Gehweg vor der Station gesetzt, erblickte ich den schwarzen Wagen. An ihm lehnte eine hochgewachsene Gestalt. Es war der Mann, der den Hawk-Doppelgänger am S-Bahn-Gleis verprügelt hatte. Seine Schultern waren breit. Die Oberarme zeichneten sich kräftig unter den Ärmeln der schwarzen Jacke ab.

„Ich hatte gehofft, dass ich dich hier finden würde", begrüßte er mich mit tiefer Stimme. „Wir müssen reden."

Der Mann hatte einen Dreitagebart. Graue Stoppeln zeichneten sich darin ab. Das gegelte schwarze Haar fiel ihm lose ins Gesicht und seine dunklen Augen wurden von dichten Augenbrauen gekrönt. Sein Gesicht war wie die Fassade eines Pop-up-Stores, von außen einladend, aber man wusste nicht, was einen drinnen erwartete.

„Ich will dir nichts tun", sagte der Mann und hielt mir die Unterseite seines Handgelenks entgegen. Daran befand sich ein Identifikationsarmband, das ihn als Kriminalbeamten auswies. *Bodo Bader (KK)* flimmerten sein Name und die Abkürzung der Dienstbezeichnung über den digitalen Streifen.

„Wärst du so freundlich, mit mir mitzukommen?"

Ich rührte mich nicht von der Stelle. „Warum tragen Sie keine Uniform?"

„Zivil", antwortete er knapp.

Die Tatsache, dass er sich ausweisen konnte, hätte mich beruhigen müssen. Stattdessen verspürte ich Unbehagen. Die Art, auf die er in mein Leben geplatzt war, hinderte mich daran, ihm zu vertrauen.

Ich tastete nach meinem Screenpaper wie nach einem Rettungsring. Doch es blieb nutzlos. Ich konnte nicht nach Hilfe rufen. Es war sicher kein Zufall, dass ausgerechnet jetzt mein Safe ausgefallen war.

„Hast du Angst vor mir?", fragte der Ermittler und richtete sich auf.

„Das letzte Mal, als wir uns begegnet sind, haben Sie jemandem das Gesicht eingeschlagen. Und dass Sie mir hier auflauern, verbessert den Eindruck nicht."

„Verstehe." Bader schob die Hände in die Hosentaschen. „In der Kulmer Straße ist ein Mann tot aufgefunden worden. Er war Optechnician. Ist eine komische Geschichte. Es sieht nach einem Überfall aus, aber was hätten sie sich dort schon holen können, außer Kundendaten und ein paar Linsen?", sagte er. „Ein Schuss hat genügt. Der Kerl hatte keine Chance."

Die Worte trafen mich wie ein Fausthieb gegen den Brustkorb.

„Ich bin gerade auf dem Weg zum Einsatz, da kommt ein weiterer Notruf rein", fuhr er fort. „Ein Einbruch nur wenige Häuserblocks entfernt. Auf einmal sehe ich dich und deinen Verfolger die Straße herunterrasen. Und dann meldet sich eben noch ein besorgter Junge bei uns und sagt, seine Freundin sei in Gefahr – und das im Zusammenhang mit diesem Mord. Da schießt mir die eine oder andere Frage durch den Kopf, die ich dir gerne stellen würde."

Ich wandte das Gesicht von Bader ab.

„Was war da los zwischen dir und dem Kerl? Hast du vielleicht was beobachtet?", hakte er nach.

„Nein, ich hab nichts beobachtet."

„War er ein Freund von dir? Der Optechnician?"

Ich schwieg.

„Es geht um einen Mord. Ich bin hier, um die Sache aufzuklären. Das ist meine Aufgabe. Und dir will ich auch helfen. Du bist offensichtlich in Gefahr und ich werde dich sicherlich nicht allein hier zurücklassen." Bader streckte seine Hand aus wie zu einem Friedensangebot. „Kommst du mit aufs Revier, um die Sache aufzuklären?"

Unsicher schaute ich zu ihm auf. Baders braune Augen erinnerten mich an den Blick meines Vaters, wenn er ein ernstes Gespräch mit mir führen wollte.

„Was ist mit dem anderen Mann passiert?", fragte ich.

„Der Kerl aus der S-Bahn?"

Ich nickte. Bader schob den Jackenärmel nach oben. An seinem Unterarm befand sich ein provisorisch angebrachter Verband, auf dem sich ein Blutfleck in der Größe eines Eis gebildet hatte.

„Hat mich mit seinem Messer erwischt und ist dann abgehauen", sagte er. „Der Typ ist noch auf freiem Fuß. Wenn ich dich finden konnte, wie lange wird es dann wohl bei ihm dauern? Was wollte der Mann überhaupt von dir?"

„Das würde ich auch gerne wissen." Ich zuckte mit den Schultern. „Denken Sie, dass Sie die Sache wirklich aufklären können?"

„Es wäre auf jeden Fall hilfreich, wenn du mir deine Version der Vorfälle erzählen würdest", sagte Bader und zog die Beifahrertür auf.

Er zwang mich zu nichts. Er bot mir nur seine Unterstützung an. Vielleicht konnte er mir helfen, die losen Puzzleteile zusammenzufügen.

Ich schob meine Bedenken beiseite und stieg ein.

Im Auto roch es nach Aftershave. Es hatte eine holzige Note. Der Geruch kam mir irgendwie bekannt vor.

„Wir fahren jetzt erst mal aufs Revier", erklärte Bader, als er den Wagen wendete. „Wissen deine Eltern, wo du steckst?"

Ich bemühte mich, nicht mit den Augen zu rollen. „Mit Sarah und León ist das so eine Sache. Sie wissen meistens, wo ich stecke. Ich weiß aber nur selten, wo sie sind."

„Machen sie sich keine Sorgen um dich?"

„Das bezweifle ich." Ich wandte den Blick ab und schaute aus dem Seitenfenster.

Die Fragen, die Bader mir stellte, waren mir allzu bekannt. Die Abwesenheit meiner Eltern rief immer wieder die gleiche Verwunderung bei meinen Gesprächspartnern hervor.

„Sie wohnen seit anderthalb Jahren in Kanada und leben dort ihren Traum."

Bader ließ sich nicht von meinem genervten Tonfall beirren. „Was für ein Traum ist das?"

„Sich immer alle Möglichkeiten offenzuhalten und das zu tun, was sie gerade machen wollen. Auch wenn sie damit das Leben ihrer Mitmenschen komplett auf den Kopf stellen."

Die Bäume, die die Straße säumten, zogen an uns vorbei wie dunkle, bedrohliche Gestalten.

„Einmal haben wir einen ganzen Sommer in Málaga verbracht, weil León sich in den Kopf gesetzt hatte, dass es uns dort besser gehen würde", erzählte ich. „Dass es *ihm* dort besser gehen würde. Was immer das bedeuten soll. Zu blöd, dass es in Spanien doch nicht den erhofften Job für ihn gab. Niemand hat dort auf uns gewartet. Nach wenigen Monaten waren wir zurück in Berlin. Als ihm dann eine Stelle als Projektleiter in Toronto angeboten wurde, war das wie ein Ruf des Schicksals für meine Eltern."

„Aber nicht für dich?", fragte Bader.

Ich schüttelte den Kopf. „Meine Eltern hätten mich zwingen können, mit ihnen nach Kanada zu gehen, aber das haben sie nicht getan."

Natürlich hatten sie mich angefleht, mitzukommen, genauso wie ich sie dazu hatte überreden wollen, in Berlin zu bleiben.

Meine Eltern waren nette Menschen. Sie hatten nur völlig andere Vorstellungen von Freiheit, Glück und Zuhause als ich.

„Wer kümmert sich jetzt um dich?", fragte Bader.

„Meine Oma wohnt bei mir. Manchmal."

„Manchmal? Was soll das jetzt wieder heißen?"

„Wir haben so eine Art Wohngemeinschaft. Aber meistens arbeitet sie im Pop-up-Store oder ist bei Gregor, ihrem Freund."

Meine Oma war fünfundsiebzig, verwitwet und hatte einen neuen Partner. Und ich war mit sechzehn immer noch Single. Tja.

„Mein Opa ist vor einigen Jahren gestorben", erklärte ich. „Danach ist Oma nach Berlin gekommen, um in der Nähe ihrer Familie zu sein. Finden Sie den Fehler."

„Okay", sagte Bader nur.

Ich erkannte an seinem Gesichtsausdruck, dass gar nichts okay war. Meine Situation sorgte jedes Mal für Erstaunen.

„Was denken Sie, warum Marek ermordet wurde?" Ich wollte nicht weiter über meine Familie reden oder nachdenken.

„Das muss ich dich fragen. Du kanntest ihn besser."

„Wir kannten einander nicht wirklich", wehrte ich ab.

Wie alt mochte Marek gewesen sein? Hatte er überhaupt eine Familie, die um ihn trauern würde? Einen Partner oder eine Partnerin? Auf einmal fühlte ich mich schuldig. Marek war ein fester Bestandteil meines Lebens und eine wichtige Stütze für mich gewesen. Aber ich wusste fast nichts über sein Privatleben.

„Du warst öfter im Laden. Mein Kollege sagt, in deinem Kundenprofil stand, dass du allein diese Woche dreimal da warst", bemerkte Bader.

„Und?"

„Du warst eine der letzten Personen, mit der der Optechnician gesprochen hat. Kam dir irgendetwas auffällig vor? Hat er sich anders verhalten als sonst?"

„Wie soll er sich denn verhalten haben?"

„War er besonders nervös? Hat er erwähnt, dass etwas nicht stimmt?", fragte Bader.

„Meinen Sie nicht, er wäre gar nicht erst zur Arbeit gegangen, wenn er geahnt hätte, dass er heute ermordet werden könnte?" Ich fuhr mit tiefer Stimme fort: „Oh, was steht denn heute auf dem Plan? Frühstücken, einkaufen, ermordet werden. Das ist doch schnell erledigt … Er war wie immer, weil er keine Ahnung hatte, dass er heute sterben würde. Ich hätte in den letzten Stunden meines Lebens zumindest Besseres zu tun, als Kontaktlinsen zu verkaufen."

„Ist das alles, was er gemacht hat? Kontaktlinsen verkaufen?"

Etwas in Baders Stimme verriet mir, dass er die Antwort schon kannte. Er wusste, dass Marek einmal ein Hacker gewesen war. Er wollte herausfinden, ob ich das auch wusste.

Die meisten Leute, die ich kannte, setzten den Begriff „Hacker" mit „Mörder" oder „Terrorist" gleich, seitdem ein Cyberangriff auf mehrere Krankenhäuser zu zahlreichen Todesfällen geführt hatte.

Ich spürte Baders Blick auf meinem Gesicht und erwiderte ihn nur kurz. Dann blickte ich schnell wieder aus dem Fenster. Es gefiel mir nicht, dass ich mit Fragen zu Mareks Vergangenheit konfrontiert wurde.

„Wie meinen Sie das?", versuchte ich, mit einer Gegenfrage auszuweichen.

„Hast du wirklich nur Linsen bei ihm gekauft?", fragte Bader.

„Geht es jetzt um mich oder um Marek?"

Bader achtete kaum auf die Straße. Mir wurde übel von der ruckartigen Fahrweise. Erst jetzt bemerkte ich, dass wir uns über der zugelassenen Fahrgeschwindigkeit bewegten. Normalerweise hätte das Meldesystem des Wagens das Tempo längst drosseln müssen. Bei dem Auto musste es sich um einen Aftermarket handeln. Durch einen Hack erkannte das Fahrzeug nicht mehr, dass es schneller fuhr als erlaubt. Der Fahrer hatte volle Kontrolle über die Geschwindigkeit. Das geschah öfter, als es den Herstellern lieb war.

„Ist das Auto gehackt?", fragte ich.

„Dienstwagen. Lenk nicht vom Thema ab", forderte Bader in strengem Ton. „Es ist doch sicher kein Zufall, dass dein Profil am Tatort aufgerufen war und du verfolgt wirst. Was hast du heute in dem Laden gemacht? Was habt ihr besprochen?"

„Besprochen? Wir haben nichts besprochen. Ich hab nur alte Linsen hingebracht."

„Und neue abgeholt?"

Das war ja ein richtiges Kreuzverhör. Mir war nicht klar, worauf Bader mit seiner Fragerei hinauswollte. Verdächtigte er etwa mich? Das Letzte, was ich gebrauchen konnte, war ein Paar Handschellen an meinen Handgelenken.

Ich ärgerte mich, dass ich in seinen Wagen gestiegen war. – Da fiel mir auf, dass Bader das Profil erwähnt hatte. Wie konnte er wissen, dass es am Tatort geöffnet gewesen war, wenn ich es doch geschlossen hatte, nachdem ich Mareks Leiche entdeckt hatte? Nun wurde mir auch bewusst, woher ich den Geruch seines Aftershaves kannte. Bader war vor mir im Laden gewesen.

„Neue abgeholt?", wiederholte ich, während ich nach Fluchtmöglichkeiten suchte.

„Hast du sie dabei? Trägst du die Linsen jetzt?" Baders Augen blitzten mich an. „Du weißt, dass alles, was mit diesem Fall in Zusammenhang steht, Gegenstand der Untersuchung ist."

Ein drohender Unterton machte sich in seiner Stimme breit. Ich war direkt in eine Falle getappt.

„Wenn du irgendetwas vom Tatort entwendet hast, dann sagst du es mir besser gleich. Sonst kann ich für nichts garantieren."

In meinem Kopf kollidierten die Gedanken und verschmolzen zu einer Erkenntnis: Es ging ihm nicht darum, den Fall zu lösen. Er war auf die Linsen aus.

„Ich weiß nicht, wovon Sie reden." Leider war ich keine gute Lügnerin.

„Das glaub ich dir nicht", sagte Bader geradeheraus. „Schau mich an, wenn ich mit dir rede."

Wir näherten uns einer Straßenkreuzung, an der sich eine Schlange gebildet hatte. Durch den Hack war auch das Warnsystem des Dienstwagens deaktiviert. Das Fahrzeug würde die Geschwindigkeit also nicht automatisch drosseln.

„Du sollst mir in die Augen sehen, du kleine Lügnerin", verlangte Bader.

Er wollte etwas darin sehen. Er wollte prüfen, ob ich die Kontaktlinsen trug.

Ich wusste, dass es riskant war, seinen Blick zu erwidern. Wenn er wirklich erkennen konnte, ob ich Mareks Linsen trug, war ich womöglich in großer Gefahr.

„Zwei, drei", flüsterte er.

Ich hielt seinem Blick nicht stand. Als ich das Gesicht von ihm abwenden wollte, ergriff Bader mein Kinn. Unter seiner Jacke blitzte seine Dienstwaffe auf. Ich schnappte nach Luft. Er kam mir bedrohlich nahe, als er meinen Kopf zu sich drehte, um mir in die Augen zu starren.

„Eins, zwei, drei", zählte er erneut.

Mir war nicht klar, was die Zahlen zu bedeuten hatten.

„Sie sollten bremsen", sagte ich.

Bader riss den Kopf herum und stieg auf die Bremse. Ein heftiger Ruck durchfuhr den Wagen, als wir mitten in der Vollbremsung auf das Auto vor uns knallten. Der Aufprall fuhr durch meinen gesamten Körper. Ich biss die Zähne zusammen. Der Gurt schnitt in meine Schulter und bewahrte mich vor einer Kollision mit dem Armaturenbrett.

„Scheiße, was soll das denn jetzt?", fluchte Bader und schnallte sich ab.

Der Bordcomputer warf eine Warnmeldung aus – zu spät.

Der Fahrer des gerammten Autos stieg aus und blickte fassungslos auf das verbeulte Heck. Er stürmte zur Fahrertür, packte Bader und zerrte ihn vom Sitz. „Verdammter Vollidiot!"

Bader wehrte sich schlagkräftig. Sie brüllten sich an und rangelten miteinander.

Wenn ich die Flucht ergreifen wollte, dann war das meine Chance. Doch zu Fuß war ich zu langsam. Bader würde mich innerhalb weniger Sekunden einholen.

In einer Kurzschlussreaktion rutschte ich auf den Fahrersitz, legte den Rückwärtsgang ein und trat aufs Gaspedal. Jeder nicht manipulierte Wagen hätte blockiert. Das Risiko, mit einem umliegenden Fahrzeug zusammenzustoßen, war zu groß. Aber dies war ein Aftermarket und damit die Absage an jegliche Sicherheitsvorkehrungen. Die Räder drehten durch. Ich rammte den Wagen hinter mir. Eine weitere Schadensmeldung blinkte auf dem Display des Bordcomputers auf. Bader riss sich von dem Mann los und kam auf die Fahrertür zugelaufen. Mist!

Ich wechselte in den Vorwärtsgang. Die Angst vor ihm ließ mich fester auf das Pedal treten. Das Fahrzeug machte einen Satz und Bader sprang zur Seite.

Ich sauste quer über die Kreuzung. Beinahe krachte ich in ein entgegenkommendes Auto. Es hatte sicher schon elegantere Versuche in der Geschichte der Fahrerflucht gegeben.

Ich wollte von Bader weg – und zwar so weit wie möglich. Schließlich musste ich davon ausgehen, dass er das Auto tracken konnte. Es war nur eine Frage der Zeit, bis er mich fand. Auch die Sicherheitskontrollen und Straßen-polizisten würden bald auf mich aufmerksam werden.

Ich war bis zu diesem Zeitpunkt noch nie allein mit einem Wagen schneller als fünfzig gefahren. Nun raste ich mit hundert Stundenkilometern durch ein ruhiges Wohngebiet. Ich krallte mich an dem Lenkrad fest und kniff die Augen zusammen, als ich über eine rote Ampel raste. Schweiß bildete sich auf meinen Handflächen, die mit dem Lederbezug zu verschmelzen schienen.

Ein Fahrzeug schlitterte mit quietschenden Reifen an mir vorbei.

Ich stieß einen Schrei aus. Zum Glück fuhren alle anderen mit aktiven Sicherheitssystemen.

Ich hatte seit dem Fund von Mareks Leiche kaum einen klaren Gedanken gefasst und auch jetzt wirbelten Erinnerungsfetzen und wilde Spekulationen in meinem Kopf umher. Anstatt dieses Chaos in Ruhe zu ordnen, trat ich weiter aufs Gas. Ich hielt den Lenker fest umklammert. Der Wagen segelte über die Straße wie ein Schlacht-schiff. So viel Kontrolle über ein Fahrzeug zu haben, gab mir ein Gefühl von Freiheit. Dabei war ich mir nicht wirklich sicher, ob ich das Auto steuerte oder das Auto mich.

Die Antwort auf diese Frage bekam ich kurz darauf, als der Wagen von allein das Tempo drosselte. Ich trat das Gaspedal durch, doch das Auto reagierte nicht. Stattdessen fuhr es an den Straßenrand und blieb stehen.

„Nein, nein, nein." Ich versuchte weiter zu beschleunigen. Nichts. Bader musste den Wagen über sein Profil deaktiviert haben.

Ich rüttelte am Lenkrad.

Ein Hupen ließ mich aufschrecken. Hinter mir stand ein Bus, dessen Fahrbahn ich blockierte. Der Wagen hatte mitten auf der Busspur geparkt.

„Diese Dreckssoftware", fluchte ich und trat das Pedal weiter durch.

Der Busfahrer hinter mir wurde ungeduldig und machte erneut auf sich aufmerksam.

Frustriert schlug ich mit der Faust auf das Lenkrad. Ein kurzes, schreckhaftes Hupen hallte durch die Straße. Dann schaltete sich der Wagen komplett ab. Mit diesem Auto kam ich keinen Meter weiter. Bader war garantiert schon auf dem Weg hierher. Ich stieß die Tür auf und sprang raus.

„He!", rief mir der Busfahrer hinterher. „Du kannst deinen Wagen nicht einfach hier stehenlassen!"

„Das ist nicht mein Wagen", zischte ich und lief weiter.

Ich blickte mich um. Irgendwo hier musste es eine Call-Wall geben. Sie waren oft in der Nähe von Bahnhöfen und Haltestellen platziert. Nach kurzer Suche fand ich eine Glaswand in einer Nebenstraße. Ich lief zu der rahmenlosen Vorrichtung. Die Fläche ragte zwei Meter hoch aus dem Boden wie ein Fenster zu einer anderen Welt. Einer schmierigen, verschwommenen Welt. Das Display war so dreckig, dass ich meinen Namen in den Schmutz hätte ritzen können. Ich wischte das Glas halbherzig mit dem Ärmel sauber und startete den Irisscan.

Es dauerte wenige Sekunden, dann erschien die bekannte Nachricht: *Profil nicht erkannt.*

Ich ballte die Hände zu Fäusten und unterdrückte mühsam den Impuls, auf das Fenster einzuschlagen. Das konnte einfach nicht wahr sein!

Ich schloss die Augen, um mich zu sammeln. Es half alles nichts. Ich musste weiterziehen und in dieser Gegend Hilfe suchen. Leider fiel mir nur eine Person ein, die irgendwo hier in der Nähe wohnte. Und die konnte ich auf den Tod nicht ausstehen.

Kurz darauf fand ich mich inmitten einer Reihenhaussiedlung wieder. Die Häuser waren so hübsch aneinandergereiht, dass ich befürchtete, in einer virtuellen Realität gelandet zu sein.

Nach einer kleinen Odyssee war ich endlich am Ziel angekommen. *Ritter* stand auf dem Klingelschild. Ich wappnete mich für das, was mich hinter dieser Haustür erwartete: Emma.

Ein Surren ertönte, als ich auf die Schwelle trat. Ein Junge machte die Tür auf. Er war ungefähr zehn und hatte zwei große Kratzer auf der Stirn.

Hatte Emma mal wieder ihre Krallen ausgefahren?

„Wer bist du denn?", fragte er.

Die Striemen an seiner Stirn verformten sich zu verkrusteten Wellen.

„Silas, sei nicht unhöflich." Seine Mutter trat hinter ihm in den Flur. Sie sah aus wie Emma, nur älter und weniger aufgesetzt.

„Entschuldigen Sie die Störung. Ich bin Mav. Ich bin eine Mitschülerin von Emma", stellte ich mich vor. „Ist sie zu Hause?"

„Sie ist oben. Geh einfach hoch."

Ich kam mir vor wie ein Eindringling, als ich mich in den Hausflur begab. Ich wusste nicht, wieso ich angenommen hatte, dass ich mich hier sicherer fühlen würde. Ich lief förmlich in die Höhle des Löwen. Eine Höhle, in der es unverschämt intensiv nach Zimtröllchen und Kakaoaroma roch. Mein Magen reagierte mit einem lauten Knurren.

Emmas Zimmer war leicht zu finden. Der goldene Schriftzug mit den Worten *Emma's World* sprang mir an der Tür entgegen. Ich konnte nicht anders, als bei dem Anblick das Gesicht zu verziehen.

In dem Moment flog die Tür auf und meine geliebte Feindin stand mir gegenüber. Emmas Kinnlade klappte nach unten. „Nora-Sophie. Was machst du denn hier?" Sie blickte den Flur hinab. „Ist Ben auch da?"

„Nein", seufzte ich. Ben und ich verbrachten viel Zeit miteinander, aber wir waren keine siamesischen Zwillinge.

Die Enttäuschung war Emma anzusehen. Sie bekam nur ein dünnes „Oh" heraus. Dann wandte sie sich wortlos von mir ab.

Ratlos, wie ich mit dieser Reaktion umgehen sollte, folgte ich ihr ins Zimmer.

Auf dem Wallpaper über ihrer Kommode flimmerte lautlos ein Konzertvideo. In einem weiteren Fenster war ein Meeting Point zu sehen, ein virtueller Platz, auf dem man sich in Form eines Avatars mit anderen Usern traf. In diesem Fall waren es Fans der Band.

Mein Blick wanderte von der glänzenden Wand weiter zu einer großen Steeldrum, die in der Ecke des Zimmers stand. Zwei Schlagstöcke lagen in der gewölbten Oberfläche.

„Machst du das immer noch? Trommeln?", fragte ich.

Vor einiger Zeit hatte Emma versucht, Ben für ihre Truppe anzuwerben.

„Fast täglich", sagte sie.

„Ein bisschen eintönig, oder?" Ich meinte das in der Tat wörtlich.

Emma verschränkte ihre Arme vor der Brust. „Im Gegensatz zu dir hab ich wenigstens Hobbys, für die ich keine Displays brauche." Sie deutete auf das Screenpaper an meinem Handgelenk. „Das ist doch total old school. In welchem Jahr lebst du denn? 2021?"

„Sehr komisch", gab ich zurück.

Wir würden heute keine Freundinnen mehr werden.

Emma ließ sich auf ihr Bett fallen. „Also, was willst du hier?"

Die Frage rief mir meine Situation wieder in Erinnerung. Emma und ich konnten so viele schnippische Kommentare austauschen, wie wir wollten. In Sicherheit brachte mich das nicht. Nur fiel mir in diesem Moment leider auch nichts ein, was sie für mich hätte tun können. Mit ihren lackierten Fingernägeln würde sie Bader oder Hawk nicht in die Flucht schlagen. Vielleicht aber mit ihrer Art? *Abiturientin verjagt Ganoven mit unerträglicher Persönlichkeit.*

„Wieso grinst du so?", wollte Emma wissen.

Ich schüttelte den Kopf. „Nicht so wichtig."

Sollte ich sie bitten, einen Notruf auszusenden? Aber wie konnte ich mir sicher sein, dass ich den Beamten trauen konnte? Die Begegnung mit Bader reichte mir vorerst.

„Du musst mir dein Auto leihen", sagte ich.

„Ich hab überhaupt kein Auto", antwortete Emma.

„Dann leih mir eben das Auto deiner Mutter", erwiderte ich ungeduldig.

Emma sah mich entgeistert an.

„Hinterfrag das jetzt bitte nicht. Das Einzige, um das ich dich bitte, ist ein Auto."

„Das *Einzige*, um das du mich bittest", wiederholte sie etwas atemlos. „Das ist ja echt nicht zu fassen."

Ich sollte mich wohl mehr bemühen, wenn ich eine realistische Chance auf das Auto haben wollte. „Du müsstest mich nur für ein paar Stunden autorisieren. Ehe du dichs versiehst, steht es wieder in der Garage. Deine Mutter wird gar nichts davon mitbekommen. Danach bitte ich dich nie wieder um etwas, das versprech ich dir."

Emma musterte mich stumm. Sie ließ mich zappeln.

„Ich hab keinen Zugang zu meinem Safe mehr und kann niemanden fragen. Ich kann mir kein Auto mieten. Ich kann nicht mal mit der S-Bahn oder dem Bus fahren", erklärte ich weiter.

„Das hast du dir doch gerade ausgedacht."

„Hab ich nicht."

Sie glaubte mir nicht.

„Ich sage die Wahrheit. Jemand wurde ermordet und jetzt werde ich verfolgt."

Emma prustete los. „Sag mal, bist du völlig durchgeknallt? Hast du irgendwas genommen?"

Ich biss die Zähne zusammen. Diese blöde Kuh wollte mir einfach nicht glauben.

Emma stand auf und ging zu ihrer Kommode. „Es gäbe da vielleicht etwas, das du für mich tun könntest. Und im Gegenzug würde ich dir dann das Auto leihen", verkündete sie.

„Alles", erwiderte ich. „Was soll ich machen?"

Emma griff nach einem Haargummi und fing an, sich einen Zopf zu flechten.

„Da du und Ben so eng befreundet seid und ihr vermutlich jedes Geheimnis miteinander teilt, könntest du mir helfen. Ben ist deine Meinung wichtig. Vielleicht kannst du ein gutes Wort für mich einlegen. Ich glaube, dass wir perfekt zueinander passen würden. Aber er ist so zurückhaltend."

Ich fiel aus allen Wolken. „Du willst, dass ich euch verkupple?", versuchte ich, ihr Geschwafel auf den Punkt zu bringen.

Ein selbstsicheres Lächeln breitete sich auf Emmas Gesicht aus. „Korrekt."

Sie war bei den Haarspitzen angekommen und verknotete sie mit dem Gummi.

Die reine Vorstellung von Emma und Ben als Paar ließ Übelkeit in mir aufsteigen. Eine Beziehung zwischen ihnen würde unsere Freundschaft vergiften. Keine Minute würde ich es in der Anwesenheit der beiden aushalten. Schon als Ben mit Miley zusammen gewesen war, hatte unser Verhältnis ziemlich darunter gelitten. Und überhaupt! Waren Miley und Emma nicht eigentlich miteinander befreundet?

„Das ist ein Witz, oder?"

Emma legte den Kopf schief. „Genauso wie deine Frage, ob du das Auto meiner Mutter fahren darfst?"

„Du meinst es also ernst." Ich kniff die Augen zusammen. „Du bist verrückt, wenn du denkst, dass ich Ben gegen ein Auto tausche."

„Ach, gehört Ben jetzt dir?", konterte Emma.

„Nein. Aber das Auto ist ja auch nicht dein eigenes." Mit diesen Worten machte ich auf dem Absatz kehrt und verschwand aus Emmas Zimmer. Am liebsten hätte ich das dämliche *Emma's World*-Schild von der Tür gerissen. Wie konnte sie so etwas von mir verlangen? Einen Teufel würde ich tun. Ich marschierte die Treppe hinunter.

Emma folgte mir. „Gehst du jetzt einfach, oder was?", fragte sie.

„Fahren lässt du mich ja nicht", zischte ich und zog an der Haustür. Sie war verschlossen.

„Lass mich das machen." Emma ließ ihre Iris scannen, um sie zu entriegeln. „Aber an deiner Stelle würde ich es mir noch einmal überlegen."

„Ich verzichte", sagte ich und zog die Tür auf. „Danke für nichts."

Ich war schon fast wieder auf der Straße, als sie mir die Hand auf die Schulter legte. „Du brauchst also unbedingt einen fahrbaren Untersatz?"

„Ist das bisher nicht deutlich geworden?" Wie so oft klang es schnippischer, als ich es meinte.

Emma legte unbeeindruckt den Kopf schief.

„Ich meine: Ja, sehr dringend", korrigierte ich mich.

„Ich kann dir ein PuC freischalten", bot sie an. „Das Geld will ich dann aber zurück. Und du musst mir versprechen, es nicht zu Schrott zu fahren."

„Ist das bei den Teilen überhaupt möglich?", fragte ich.

PuC stand für Public Car. Die grünen Elektroautos wurden von der Stadt zur Verfügung gestellt. Jeder, der einen gültigen Führerschein und ein Bankkonto besaß, konnte sich in einen der Wagen setzen und direkt losfahren. Für viele Großstädter war ein eigenes Auto zu unpraktisch und zu teuer. Lieber mietete man sich für wenige Stunden ein PuC. Zudem waren in einigen Bezirken nur noch Elektroautos zugelassen.

Emma schnappte sich ihre Jacke. Sie würde mir tatsächlich helfen.

Wir machten uns auf die Suche nach einem PuC. Zu Fuß wäre ich nicht weit gekommen. Ich war nun doch froh, dass ich mich an Emma gewandt hatte. Nachdem wir ein wenig durch die Nachbarschaft gelaufen waren, deutete sie in eine Nebenstraße. „Da ist eins."

Ich konnte keines entdecken. Emmas Kontaktlinsen mussten ihr die Richtung zu dem PuC gewiesen haben.

Oh, wie ich das schimmernde Interface meiner Kontaktlinsen vermisste. Für gewöhnlich legte es sich wie ein Rahmen um die Welt und gab mir Orientierung. Jetzt war ich komplett auf mein eigenes Können und Wissen angewiesen – und auf andere Menschen.

Ich folgte Emma zu dem grünen Wagen.

Ein Klacken ertönte, sobald das System ihr Profil erkannt hatte. Eine Stimme begrüßte uns mit einem freundlichen: „Guten Tag!"

Emma setzte sich auf den Fahrersitz und startete den Wagen für mich. Sie nannte Bens Adresse als Fahrtziel.

„Es kann losgehen", verkündete sie und stieg aus.

Ich hatte sie noch nie so nett erlebt. Andererseits hatte ich mich bisher auch kaum ernsthaft mit ihr auseinandergesetzt.

„Danke."

„Nicht der Rede wert", winkte sie ab. „Wobei … Wenn du es Ben gegenüber erwähnen würdest, hätte ich natürlich nichts dagegen." In dem Punkt ließ sie nicht locker. Ich ignorierte den Kommentar.

Das Auto fuhr von allein los, sobald ich mich anschnallte. Ich winkte Emma zum Abschied. Die Sicherheitseinstellungen waren auf Autopilot gesetzt. Im Gegensatz zu Baders Auto würde sich das PuC in jedem Fall an die Geschwindigkeitsbegrenzungen halten.

Seitdem ich den Führerschein besaß, war ich nur ein- oder zweimal allein mit einem Auto gefahren und jedes Mal hatte ich Probleme damit gehabt, den Autopiloten zu deaktivieren. Nun, da ich in Emmas Namen unterwegs war, traute ich mich erst recht nicht, irgendetwas an den Einstellungen zu ändern.

Ich war einfach froh, dass ich endlich auf dem Weg zu Ben war.

Donnerstag, 16:26 Uhr

Das Elektroauto glitt durch die Straßen. Auf der Windschutzscheibe wurde mir die Route angezeigt. Einem Sternbild ähnlich schimmerte der Straßenplan vor meinen Augen. Durch das Geflecht zog sich eine blaue Schlangenlinie. Die Fahrt würde etwas mehr als zwanzig Minuten dauern.

Der Wagen schaltete in den Modus „Erholung". Die Sitzheizung sprang an, die Anzeige des Bordcomputers wechselte von Rot zu Blau und aus den Boxen erklang ein Lied aus Emmas Playlist. Leises Trommeln ertönte. Ich schaltete den Song ab. Fand Emma das entspannend? Bei mir löste es Herzrasen aus.

Ich sank tiefer in den Sitz und lehnte den Kopf gegen die Stütze. Zu gern hätte ich mich auf der Stelle zu Ben gebeamt. Anstatt Musik wollte ich seine Stimme hören. Er schaffte es immer, mich zu beruhigen.

Mir kam eine Idee. Ich war mit Emmas Profil eingeloggt. Also musste ich Zugang zu ihrer Kontaktliste haben. Ich tippte auf das Display neben dem Lenkrad. Problemlos konnte ich mich in das Kommunikationsmodul von Emmas Safe einwählen. In ihrer nahezu endlosen Kontaktliste befand sich auch Bens Name. Zwischen *Bemitleidenswertes Biest* und *Benjamin NachnameVergessen*.

Für einen Moment zog ich in Erwägung, das *Bemitleidenswerte Biest* anzurufen. Dann befürchtete ich, dass es sich bei dem Eintrag um mich handeln könnte. Manchmal war es einfach besser, nicht alles zu wissen.

Ich stellte eine Verbindung zu Ben her. Innerhalb weniger Augenblicke tauchte sein Gesicht auf der rechten Seite der Windschutzscheibe auf. Der Routenplaner zog sich auf ein kleines Fenster am oberen Rand zurück.

„Mav? Ist alles in Ordnung?", fragte er. „Wieso rufst du unter Emmas Namen an?"

„Sie hat mir geholfen, einen fahrbaren Untersatz zu finden."

„Emma hat dir geholfen?" Er stutzte. „Das hätte ich gar nicht von ihr erwartet."

Das hatte ich befürchtet. Ich verspürte ein leichtes Ziehen in der Magengegend. „Ich komme zu dir", sagte ich.

„Was ist passiert? Warum wurde dein Anruf abgebrochen? Ich konnte dich nicht mehr erreichen."

„Irgendetwas blockiert den Zugang zu meinem Safe. Ich könnte nicht einmal eine Limonade kaufen, wenn ich wollte. Oder einen Proteinriegel. Gott, ich bin am Verhungern! Wusstest du, dass Emma in Willy Wonkas Schokoladenfabrik lebt? So riecht es zumindest bei ihr zu Hause." Wieder knurrte mein Magen.

Ben setzte sich auf. „Mav, ich war so in Panik, als die Verbindung unterbrochen wurde, dass ich bei der Polizei angerufen hab."

„Ich weiß. Einer von ihnen hat mich an der S-Bahn abgefangen." Beim bloßen Gedanken an Bader stellten sich mir die Nackenhaare auf.

„Warum bist du nicht bei ihm geblieben? Die haben sich eben bei mir gemeldet und gefragt, ob du hier bist. Die suchen dich."

Mein Herz blieb für eine Millisekunde stehen. „Was hast du gesagt?"

„Die Wahrheit. Dass ich dich nicht erreichen kann."

In dem Fall war es Glück im Unglück, dass mein Safe gesperrt war. „Ruf sie nicht an, okay?", bat ich.

„Was? Warum denn?"

„Das erzähle ich dir in Ruhe, wenn ich bei dir bin", sagte ich.

Ben und ich blieben für den Rest der Fahrt miteinander verbunden. Auch wenn er nicht bei mir war, hatte ich so das Gefühl, nicht allein zu sein. Mit Ben vor Augen vergingen die Minuten schneller.

Auf der anderen Seite der Autoscheibe nahte schon die Dämmerung.

Kurz darauf bog der Wagen in Bens Straße ein. Der Motor schaltete sich automatisch ab, sobald ich das Ziel erreicht hatte. „Vielen Dank, dass Sie sich für PuC entschieden haben", erklang die Stimme des Bordcomputers. „Ihr Konto wird mit 6,16 € belastet. Sie haben die Möglichkeit, bis zum 26. August Widerruf einzulegen. Danach werden Ihre Nutzungsdaten gelöscht. Für mehr Informationen sagen Sie bitte ‚Mehr Informationen' oder besuchen Sie unser Kundenportal."

Bens Wohngegend war ganz anders als das volle, laute Berlin, in dem ich lebte. Die Dens besaßen eine Villa, in der mindestens zwei Familien Platz gefunden hätten. Das Haus war umgeben von einem Garten, von dem ich mit meiner kleinen Dachterrasse nur träumen konnte. Ben und ich hatten im letzten Sommer gemeinsam Tomatensträucher im Vorgarten angepflanzt. Ihre Gerippe kauerten an der Hauswand. Sie waren in der Hitze verdörrt, als die Temperaturen an mehreren Tagen hintereinander die Vierziggradmarke überschritten hatten. Früher hätte Oma das als „Jahrhundertsommer" bezeichnet, mittlerweile nannten wir es nur noch … Sommer.

Mit zitternden Händen öffnete ich das Gartentor. Grelles Licht blendete mich, als der Bewegungsmelder ansprang.

Die Haustür ging auf.

„Mav!", rief Ben und lief auf mich zu.

Erleichtert fiel ich ihm in die Arme.

Ich brachte Ben auf den neuesten Stand. Die Kleinigkeit mit der Fahrerflucht ließ ich dabei aus. Denn die Aktion zählte nicht gerade zu meinen glorreichsten Momenten.

Während Ben uns einen Tee aufgoss, sank ich wie erschlagen auf die Wohnzimmercouch und schloss die Augen. Endlich konnte ich tief durchatmen, ohne das Gefühl zu haben, im nächsten Moment wieder davonlaufen zu müssen.

Kurz darauf kam Ben mit zwei dampfenden Tassen zurück ins Wohnzimmer. Er hatte eine Packung Snacks unter den Arm geklemmt.

„Mein Dad steckt in einem Meeting. Ich hab ihm eine Nachricht hinterlassen", sagte er und hielt mir die Tüte vor die Nase. Getrocknete Heuschrecken. *„Proteinreich und fettarm. Das Trockenfleisch des 21. Jahrhunderts",* zitierte er den Werbeslogan des Herstellers.

Mit einem Kopfschütteln lehnte ich ab. So hungrig war ich dann doch nicht. Ich mochte kein Fleisch – egal von welchem Tier.

Ben schob sich ein paar Heuschrecken in den Mund.

„Bist du sicher, dass wir nicht bei der Polizei anrufen sollen?", fragte er.

Ich schüttelte den Kopf. „Bader konnte sich als Kommissar ausweisen. Sobald wir uns bei denen melden, ist er mir wieder auf den Fersen. Er war vor mir in Mareks Laden. Er weiß von den Linsen. Was, wenn er Marek erschossen hat?"

„Dann müssen wir das anzeigen", beharrte Ben.

„Warum sollte uns irgendjemand glauben?", entfuhr es mir. „Es sind *meine* Fingerabdrücke am Tatort. *Ich* habe Mareks Leiche berührt. *Ich* habe das Profil geschlossen. *Ich* bin weggelaufen." Verzweifelt vergrub ich das Gesicht in den Händen. „Was denkst du, wem sie eher glauben werden?"

„Es ist nur …", begann Ben, „ich kann mir nicht vorstellen, wie das alles zusammenhängt. Denkst du, dass Marek doch noch ein aktiver Hacker war? Wer weiß, auf was für Geschäfte er sich eingelassen hat."

„Keine Ahnung." Mir war bisher nicht in den Sinn gekommen, die Schuld bei Marek zu suchen. Ich konnte mir nicht vorstellen, dass er sich selbst in derartig große Gefahr gebracht hätte. Und mich erst recht nicht. „Die Kontaktlinsen waren auf jeden Fall nicht für mich bestimmt."

„Vielleicht gehören sie deinen Verfolgern", sagte Ben. „Marek hat sie vertauscht und jetzt wollen sie sie zurück."

„Aber warum sind dann *zwei* Männer hinter mir her, die sich gegenseitig die Köpfe einschlagen?"

Darauf hatte auch Ben keine Antwort.

„Wir müssen herausfinden, was so besonders an den Linsen ist", sagte ich.

68

Mit Bens Hilfe öffnete ich auf dem Wallpaper an der Wohnzimmerwand eine Übersicht aller Geräte, die sich im Netzwerk befanden. Darunter wurde ein Objekt gelistet, das wir nicht zuordnen konnten. Die Kontaktlinsen.

„Als ich sie zum ersten Mal eingesetzt habe, haben sie einen Initialisierungsprozess gestartet, aber kein Profil erkannt", erklärte ich. „Ich kann versuchen, mir Zugang zu den Logfiles zu verschaffen. Dann können wir einsehen, ob zuvor andere Profile darauf aktiv waren."

„Das kannst du?", fragte Ben.

„Ist gar nicht so schwer." Ich reichte ihm mein Screenpaper. „Kannst du dich hier einloggen?"

Er aktivierte sein Profil. Ich lehnte mich vor, schob die Teetassen auf dem Wohnzimmertisch zur Seite und legte das Screenpaper darauf ab. Es diente mir ab sofort als Tastatur und zur Steuerung des Wallpapers.

Meine Finger flogen über die Tasten. Es war ein einfacher Algorithmus, der sich schnell aufschreiben ließ. Ich musste dem System nur sagen, was es zu tun hatte. Den Rest würde es von allein erledigen. Vorausgesetzt, der Entwickler hatte die Daten auf die gleiche Weise verschlüsselt wie bei herkömmlichen Kontaktlinsen.

„Es wird etwas dauern, bis der Suchlauf beendet ist", erklärte ich.

„Das ist deine Welt", meinte Ben. „Codes schreiben, Codes verändern, Lösungen finden."

„Ich kann nichts anderes", murmelte ich und wandte den Blick nicht von dem Wallpaper ab, auf dem sich ein Wasserfall aus Daten ergoss.

„Sag das nicht. Nicht viele Eltern würden ihrem vierzehnjährigen Kind zutrauen, für sich selbst zu sorgen."

„Meine Eltern haben dabei nicht an mich gedacht, sondern an sich", stellte ich klar.

„Du weißt, dass das nicht stimmt."

Ich spürte Bens Hand auf meiner Schulter. Verunsichert sah ich auf. „Weiß ich das?"

„Du bist etwas Besonderes, Mav. Für mich jedenfalls."

Mein Blick wanderte von Bens blaugrauen Augen über seine Nase zu den Lippen und blieb dort hängen. Dann sah ich schnell wieder weg.

„Ich hatte vorhin wirklich Angst um dich", gestand er. „Wie schon lange nicht mehr. Der Gedanke, wieder jemanden zu verlieren, ohne etwas dagegen unternommen zu haben … Das könnte ich nicht verkraften."

Ein Kloß bildete sich in meinem Hals. Wir sprachen oft über unsere Vergangenheit und die Dinge, die uns belasteten, aber nur selten sagten wir uns, wie wichtig wir füreinander waren.

„Es ist nicht deine Schuld", versicherte ich – und meinte damit sowohl meine jetzige Situation als auch den Tod seiner Mutter bei dem Autounfall damals. Ben war viel zu früh Opfer schrecklicher Umstände geworden. Niemand hatte es verdient, auf so furchtbare Weise seine Mutter zu verlieren. Ich bewunderte ihn dafür, wie er mit den Folgen seiner Verletzungen umging.

Wir blickten uns schweigend an. In meinem Bauch breitete sich ein warmes Gefühl aus.

Bens Hand löste sich von meiner Schulter. Die Wärme aber blieb. So stark wie nie zuvor hatte ich das Bedürfnis, ihm noch näher zu sein und die wenigen Zentimeter zu überwinden, die uns in diesem Moment voneinander trennten.

„Mav?"

Mein Mund war trocken. „Ja?"

„Deine Augen."

„Was ist mit meinen Augen?"

Bens Gesicht näherte sich meinem. Ich spürte seinen Atem auf meinen Lippen. „Sie sind blau."

Mein Herz sackte bis in die Sofapolster. „Wie meinst du das? Meine Augen sind braun."

„Seit ein paar Sekunden nicht mehr. Sie haben gerade die Farbe geändert."

Ben sah nicht so aus, als würde er Witze machen. Ich verstand dennoch nichts von dem, was er sagte. Soweit ich wusste, wechselte die Augenfarbe eines Menschen nicht von einem Moment auf den nächsten.

In diesem Augenblick aktivierten sich die Kontaktlinsen. Zahlenreihen rasten an meinem unteren Sichtfeld entlang: eine Initialisierung.

„Was siehst du?", fragte Ben.

Ich sprang auf und lief ins Badezimmer. Ich lehnte mich über das Waschbecken und starrte fassungslos in den Spiegel. Ben hatte nicht gelogen. Meine Augen waren auf einmal gräulich blau und stachen aus meinem olivfarbenen Gesicht hervor. Ich erkannte mich kaum wieder. Es war, als hätte man mir einen Teil meiner Identität geraubt.

Ein Profil erschien vor meinen Augen.

„Mav!", erklang Bens Stimme.

Ich wandte mich von meinem fremden Spiegelbild ab und kehrte zurück ins Wohnzimmer.

Ben stand vor dem Sofa und blickte entgeistert zu dem Wallpaper. Darauf war ein Profil zu sehen.

Er drehte sich mit blassem Gesicht zu mir um. „Das ist mein Safe."

Beim ersten Blick auf sein Konto fiel mir auf, dass er zwei ungelesene Nachrichten von Emma hatte. Beim zweiten, dass er einen Anruf von ihr verpasst hatte. Gab die denn nie Ruhe?

Ben ging um das Sofa herum und kam auf mich zu: „Wie hast du das gemacht?"

„Was? I-Ich?", stotterte ich.

„Irgendwie musst du mein Profil geöffnet haben."

„Ich hab gar nichts gemacht."

Ben wandte sich wieder der Wand zu. „Das Wallpaper ist mit deinen Kontaktlinsen verbunden. Wie hast du dir Zugang zu meinem Safe verschafft?"

Er war sauer. Dabei hatte ich überhaupt nichts getan. Wie oft sollte ich ihm das noch sagen? Er war die ganze Zeit über bei mir gewesen. Tiefgreifende Gespräche führen und gleichzeitig ein Konto hacken? So eine gute Programmiererin war ich dann doch nicht.

Ich blickte zwischen Ben und der Wand hin und her. „Ich hab dir nur in die Augen gesehen." Langsam dämmerte es mir. „Deine blauen Augen. Ich hab deine Augen kopiert."

Laut ausgesprochen klang es noch komischer als in meiner Vorstellung. Ich hatte seine Augen kopiert!?

Ben brauchte einen Moment, um meine Worte sacken zu lassen. „Willst du damit sagen, dass die Kontaktlinsen sich Zugang zu meinem Profil verschafft haben?"

Ich nickte, obwohl ich es selbst kaum glauben konnte. Nie hätte ich gedacht, dass so etwas überhaupt möglich war.

„Was, wenn die Kontaktlinsen nicht die Iris des Trägers selbst scannen, sondern die Augen des Gegenübers?"

Ben schluckte. „Gib mir die Linsen", forderte er und streckte mir die Hand entgegen.

„Wieso?"

„Ich will wissen, ob es andersherum auch funktioniert", erklärte Ben.

Widerwillig nahm ich die Kontaktlinsen heraus.

Ben tauschte seine Linsen mit meinen und kam einen Schritt näher. Er legte die Hände auf meine Schultern und blickte zu mir herunter.

In diesem Moment waren wir uns noch näher als zuvor auf dem Sofa. Nur mit Mühe konnte ich mich konzentrieren. Ich zählte die Sekunden mit.

Bens Augen hatten immer wieder die gleiche Wirkung auf mich: Sie beruhigten mich – und lösten zugleich eine innere Unruhe in mir aus.

„Vier", sagte ich leise und sah dabei zu, wie seine Augen sich von oben nach unten in ein dunkles Braun färbten. Es war, als legte sich ein Schleier über die Iris. Unglaublich. Die Linsen kopierten die Iris des Gegenübers und loggten sich so in dessen Safe ein.

Ich blickte zum Wallpaper am Ende des Raumes. Bens Nutzeroberfläche war verschwunden. Einige Sekunden vergingen, dann:

„Profil nicht erkannt", las Ben.

Mein Safe war noch immer verschüttet.

„Dafür hast du jetzt die schönsten braunen Augen der Welt", sagte ich.

„Stimmt, sie sind schön", lächelte Ben. Dann gab er mir die Kontaktlinsen zurück. „Aber dir stehen sie besser."

Kurz zögerte ich. Ich war mir nicht sicher, ob ich sie tragen sollte. Die Kontaktlinsen widersetzten sich allen Sicherheitsstandards unserer vernetzten Welt. Kein Wunder, dass so viele Leute hinter ihnen her waren. Ich hatte damit die Fähigkeit, mir Zugang zu jedermanns Profil zu verschaffen, wenn ich demjenigen nur vier Sekunden lang in die Augen blickte. Dadurch war ich meinen Verfolgern gegenüber im Vorteil.

Ich setzte die Linsen wieder ein.

Vom Nachbargrundstück hallte das Bellen eines Hundes herüber. Ben ergriff meinen Arm und zog mich beiseite.

Ich sah ihn fragend an.

„Da ist jemand", flüsterte er, den Blick auf die Terrassentür gerichtet.

„Was?", entfuhr es mir.

„Schsch." Ben hielt den Finger vor den Mund. Er nahm den steinernen Kerzenständer, der auf dem Sideboard stand. An der Art, wie sich sein Arm anspannte, konnte ich erahnen, wie schwer das Teil sein musste. Im Spiegelbild der Terrassentür sah Ben bedrohlich aus.

„Siehst du etwas?", fragte ich.

Das Licht auf der Terrasse ging an und vor uns stand … Hawk – oder wie auch immer der Unbekannte hieß.

Ich schrie auf und wich einige Schritte zurück.

Er trug Sonnenbrille und Handschuhe. Die Nase war blutverkrustet und um seinen linken Mundwinkel hatte sich ein rötlichblauer Bluterguss gebildet. Er griff in die Innenseite seines Mantels.

„Er hat eine Waffe", warnte ich Ben und wurde panisch beim Gedanken an die Verfolgungsjagd vor wenigen Stunden.

Doch was er hervorzog, war zu klein für eine Waffe. Unfähig, etwas zu erkennen, trat ich zwei Schritte vor. Er hielt ein transparentes Behältnis aus Kunststoff in der Hand.

„Damit wird er uns wohl kaum erschießen", murmelte Ben, hielt den Kerzenständer dennoch fest umschlossen.

Ich stutzte. „Ein Behälter für …"

„Kontaktlinsen", drang es dumpf durch das Glas. „Ich brauche die Kontaktlinsen."

Natürlich brauchte er die.

Ben und ich blickten einander verunsichert an. Was jetzt? Ich zuckte mit den Schultern.

„Ziehen Sie den Mantel aus", befahl Ben dann.

Hawk starrte ihn überrascht an.

„Den Mantel ausziehen! Wir wollen sicherstellen, dass Sie nicht bewaffnet sind."

„Ben, bist du sicher, dass du ihn reinlassen willst?", fragte ich.

„Ehrlich gesagt sieht er ziemlich harmlos aus", gab er zurück. Tatsächlich war Ben größer und kräftiger als der Fremde vor der Tür.

Hawk ließ den Mantel von den Schultern gleiten und warf ihn zu Boden.

„Öffnen Sie das Hemd", forderte Ben.

Der Mann seufzte und befolgte dann die Anweisung. Unter dem Hemd offenbarte sich ein blasser, dünner Oberkörper.

Ben wies ihn mit einer Handbewegung an, sich einmal im Kreis zu drehen. Hawk tat, wie ihm befohlen wurde. Keine Schusswaffe in Sicht.

Ich trat näher an die Scheibe heran. „Wer sind Sie?"

„Der Eigentümer dieser Kontaktlinsen." Er schlug die Arme um den Körper und unterdrückte ein Zittern.

„Was soll das heißen?"

„Ich habe die Kontaktlinsen entwickelt. Sie wurden mir … uns gestohlen", erklärte er. „Ich wollte dir das alles schon vorhin sagen, aber du bist weggelaufen. Und dann kam dieser Kerl."

„Was haben Sie mit dem Mord in der Kulmer Straße zu tun?"

Hawk legte verwirrt den Kopf schief. „Mord?" Entweder er war ein guter Schauspieler oder er hatte tatsächlich keine Ahnung.

„Wie haben Sie mich gefunden?", fragte ich.

Er hob den rechten Arm. An seinem Unterarm befand sich ein Screenpaper. Auf dem Display war eine Straßenkarte zu sehen. In der Mitte blinkte ein roter Punkt.

„Sie tracken mich."

„Ich tracke die Linsen", korrigierte er.

„Ist das der Grund, wieso Sie mir aufgelauert haben?", führte ich die Befragung fort. „Sind Sie deshalb in meine Wohnung eingebrochen? Wollten Sie mich erschießen, weil Sie dachten, ich hätte die Linsen geklaut."

„Erstens sind das zu viele Fragen. Und zweitens habe ich keine Ahnung, wovon du redest." Hawk wirkte irritiert. „Ich war nie in deiner Wohnung. Ich hatte die Koordinaten dank meines Trackingtools. Als ich zu deiner Wohnung kam, um mir die Linsen zurückzuholen, kamst du gerade aus dem Haus geschossen wie ein aufgeschrecktes Kaninchen. Ich wusste, dass es etwas mit den Kontaktlinsen zu tun haben musste. Ich verstand nur den Zusammenhang nicht. Also bin ich hinter dir her. Aber dann kam dieser Verrückte auf dem Bahnsteig dazwischen, hat mich fast ausgeknockt. Erst als jemand eingriff, hat er von mir abgelassen."

Ich brauchte einen Moment, um seine Darstellung der Geschehnisse zu verarbeiten. „Dann waren nicht Sie es, der Cutie erschossen hat."

„Cutie? War das der Name des Toten?"

Ich schluckte. „Nein. Der heißt ... er hieß Marek."

Damit hatte ich Hawk endgültig verwirrt. Ich bot ihm keine Erläuterung. Zu viele Gedanken gingen mir durch den Kopf. Die Puzzlestücke ordneten sich völlig neu. Wenn Hawk nicht in meine Wohnung eingebrochen war, wer war es dann gewesen? Bader? Zugetraut hätte ich es ihm.

„Mav", sagte Ben. „Sollen wir ihn weiter da draußen zittern lassen?"

„Dass er friert, hast du zu verantworten."

„Glaubst du ihm?"

„Ich weiß nicht, ob wir überhaupt irgendjemandem glauben können", gestand ich.

Ich hatte mich bereits bei Bader verschätzt. Ich wollte den gleichen Fehler nicht noch einmal begehen.

„Wenn ihr mir die Linsen gebt, ist die Sache hier und jetzt für euch beendet. Ihr werdet nie wieder von mir hören, das versichere ich euch", versprach Hawk.

„Und was ist mit dem anderen Kerl?", fragte Ben.

„Der wird euch in Ruhe lassen, sobald sich herausstellt, dass die Kontaktlinsen nicht mehr in eurem Besitz sind."

Vielleicht war es eine Stressreaktion oder ich war von der Situation überfordert, aber ich konnte nur schwer ein Lachen unterdrücken. Hawk machte es sich zu einfach.

„Der Typ heißt Bodo Bader und ist zufälligerweise Polizist. Er weiß, wer ich bin, wo ich wohne und dass ich die Linsen habe. Das alles löst sich nicht in Luft auf, nur weil ich sie Ihnen übergebe", sagte ich. Abgesehen davon hatte ich Baders Auto gestohlen und fast zu Schrott gefahren. „Glauben Sie wirklich, ich könnte weitermachen, als wäre nichts gewesen?", fragte ich.

Hawks Augenbrauen zogen sich über der Sonnenbrille zusammen. „Du weißt, was sich auf den Kontaktlinsen verbirgt", stellte er fest.

Ich antwortete nicht.

Hawk schlug die Hände über dem Kopf zusammen. „Das ist ja fantastisch! Bald weiß es die ganze Stadt."

Ich fand seine Reaktion reichlich theatralisch.

„Ein Freund von mir wurde erschossen, jemand ist in meine Wohnung eingebrochen und hätte mich beinahe umgebracht", fasste ich zusammen. „Selbst wenn nur ein unglücklicher Zufall dazu geführt hat, dass ich in die Sache hineingezogen wurde, stecke ich längst mittendrin."

Er seufzte. Ein selbstgerechter Teenager hatte ihm wohl gerade noch gefehlt.

„Können wir das im Warmen besprechen?", fragte er.

Hawk war eigentlich zum perfekten Zeitpunkt aufgetaucht. Gerade hatten wir das Geheimnis der Linsen geknackt, da erschien er und konnte uns möglicherweise weitere Antworten auf unsere Fragen geben.

„Nur wenn Sie das Messer aus Ihrer Hosentasche entfernen", forderte ich.

Ben blickte mich überrascht an.

Hawk machte eine Unschuldsmiene. „Wie bitte?"

„Entweder das oder Sie ziehen die Hose komplett aus“, sagte ich. „Ich hab den Verband an Baders Arm gesehen. Es hat kein Fremder Zivilcourage bewiesen. Sie haben sich selbst verteidigt. Das verstehe ich.“

„Verdammte Kinder.“ Hawk griff in die linke Hosentasche und zog ein silberglänzendes Objekt heraus. Kurz darauf landete das Springmesser auf den Fliesen der Terrasse und Hawk betrat das Haus.

Ich kam mir vor wie eine Mafiapatin, als ich auf dem Sessel schräg gegenüber von Hawk Platz nahm.

Wir hatten ihm erlaubt, sein Hemd zuzuknöpfen und seinen Mantel wieder anzuziehen. Bisher hatte er keine versteckte Waffe auf uns gerichtet. Dennoch hatte ich gewisse Sicherheitsstandards gefordert und Ben zu meinem persönlichen Bodyguard erklärt. Während Hawk mit blauen Lippen auf dem Sofa saß, stand Ben hinter ihm, den Kerzenständer in der Hand.

Hawk stellte sich als Programmierer vor. Er und sein Partner Kaspersky hatten in den letzten anderthalb Jahren gemeinsam daran gearbeitet, die Kontaktlinsen so zu manipulieren, dass sie die Iris anderer kopierten.

Vor wenigen Wochen war ihnen der Durchbruch gelungen. Sie hatten den Sicherheitsmechanismus der Kontaktlinsen überlistet. Endlich konnten sie einen ersten funktionsfähigen Prototyp erschaffen, der zunächst die Iris des Gegenübers scannte, um sich dann über den Scan in den Safe der Person einzuloggen. Es war das Modell, das ich jetzt trug.

Hawk und Kaspersky waren sich uneinig gewesen, wie sie weiter vorgehen sollten. Es zeigte sich schnell, dass sie unterschiedliche Ziele verfolgten. Hawk wollte sein technisches Geschick austesten, die Entdeckung der Sicherheitslücke aber für sich behalten. Kaspersky sah darin eine unerschöpfliche Geldquelle. Geheimdienste oder Terroristen würden viel Geld für die Erfindung bezahlen, davon war er überzeugt.

Hawk brachte seinen Partner schließlich zur Vernunft. Er wollte verhindern, dass die Kontaktlinsen in falsche Hände gerieten. Gemeinsam hatten sie beschlossen, den Prototyp weiter zu testen.

„Doch dann hat irgendwer unser Büro auf den Kopf gestellt. Sie haben alles mitgenommen. Und Kaspersky war wie vom Erdboden verschluckt", erzählte Hawk. „Seine Leiche wurde gestern am Ufer der Spree angeschwemmt. Er trug keinerlei Wertgegenstände bei sich. Die Polizei geht von einem Raubüberfall aus."

„Und was glauben Sie?", fragte ich.

„Die Geschichte passt nicht zusammen. Ich kann es mir nur so erklären, dass Kaspersky mit den falschen Leuten Geschäfte machen wollte. Als er ihnen eine Absage erteilte, gaben sie sich nicht damit zufrieden und nahmen die Angelegenheit selbst in die Hand. Sie sind bei uns eingebrochen, haben die Kontaktlinsen gestohlen und Kaspersky zum Schweigen gebracht."

„Was ist dann passiert?", hakte Ben nach.

„Ich hab eigene Recherchen angestellt, um Kasperskys Mörder ausfindig zu machen und die Kontaktlinsen zu finden", antwortete Hawk. „Ich konnte einige Korrespondenzen nachverfolgen. Aber Kaspersky war sehr vorsichtig. Er hat viele Daten gelöscht. Mir fehlen handfeste Beweise. Anscheinend hatte er Kontakt zu jemandem, der sich hinter dem Namen Bane verbirgt."

„Bane?" Ich legte die Stirn in Falten.

„Ja, wie der Bösewicht aus *Batman*. Kaspersky war ein Fan von Comics und Comicverfilmungen."

Ben und ich sahen ihn fragend an.

Hawk zog eine Augenbraue hoch. „Ich bitte euch. *Bane*. Großer Kerl, Metall im Gesicht?"

„Ja, kommt mir bekannt vor", sagte Ben.

Hawk verzog das Gesicht. „Banausen."

„Können wir beim Thema bleiben?", unterbrach ich sie. „Wie sind Sie an diese Informationen gekommen?"

„Mir ist es gelungen, mich in Kasperskys Profil zu hacken. Ein äußerst kniffliges Unterfangen. Man muss die Plausibilitätschecks austricksen. Denn wie soll ein Konto noch von einem Toten genutzt werden können?"

Mir klappte die Kinnlade herunter, obwohl mich diese Aussage nicht mehr hätte überraschen dürfen. Schließlich hatte der Mann Kontaktlinsen entwickelt, die sich Zugang zu fremden Profilen verschafften.

Hawk war offensichtlich dazu in der Lage, sich in einige der sichersten Systeme zu hacken. Die wenigsten trauten sich an so etwas heran – und wenn sie es doch taten, war es nur eine Frage der Zeit, bis sie erwischt wurden.

„Und wie sieht es mit dem Sperren von Profilen aus?", fragte ich. Mir dämmerte, wer hinter dem Ausfall meines Safes steckte.

„Weniger schwierig. Ich muss nicht einmal hineingehen, um alle Türchen zu verriegeln. Sie lassen sich auch von außen verschließen. Einen Code braucht man trotzdem", antwortete er. „Wie bei einem echten Metallsafe. Manchmal ist das die einfachste Variante, um jemanden völlig handlungsunfähig zu machen. Ich hoffe, dass du mir das nicht übel nimmst. Ich wollte nur verhindern, dass du noch mehr Leute mit in die Sache hineinziehst. Der Plan scheint leider nicht aufgegangen zu sein."

Vorwurfsvoll blickte er zu Ben.

„Nicht übel nehmen?", entfuhr es mir. „Ich würde Ihnen übel nehmen, wenn Sie Saft auf mein Lieblingsshirt schütten. Da lässt sich was dran machen. Das kann ich auswaschen oder einen Pullover drüberziehen. Aber Sie … Sie haben meinen Safe gesperrt. Mein gesamtes Leben ist da drin. Das nehme ich Ihnen nicht nur übel, das macht mich richtig wütend. Wenn Sie das Ganze also rückgängig machen könnten, wäre ich Ihnen sehr dankbar", fuhr ich ihn an.

Hawk zeigte sich unbeeindruckt. „Es ist herzzerreißend, wie sehr dich das mitnimmt. Aber solange du mir die Kontaktlinsen nicht gibst, werde ich deinen Safe auch nicht öffnen. Und glaubt ja nicht, dass mir der Kerzenständer da Angst macht. Du würdest doch keiner Fliege was zuleide tun, Junge. Solange er dir nicht aus Versehen aus der Hand rutscht und mir dabei auf den Kopf fällt, passiert mir rein gar nichts", sagte er.

Ben richtete sich zu voller Größe auf. Er hob den Kerzenständer leicht in die Höhe.

Sofort war Hawk still.

„Denken Sie, dass Bader die Person war, mit der Kaspersky in Kontakt stand?", fragte ich.

„Das ist durchaus möglich. Zumindest wüsste ich nicht, wie er sonst ins Bild passt. Ich hab den Kerl heute zum ersten Mal gesehen und er hat direkt versucht, mir den Schädel einzuschlagen. Das kommt doch einem Bösewicht sehr nahe."

„Er weiß, was die Kontaktlinsen können", erwiderte ich.

„Die Frage ist nur, woher er das weiß."

„Und wie Marek in die Geschichte passt", ergänzte ich.

„Wann haben Sie Kaspersky zum letzten Mal gesehen?", fragte Ben.

„Vor zwei Tagen. Alles schien in Ordnung. Ich verstehe nicht, was in der Zwischenzeit geschehen ist." Hawk nahm die Sonnenbrille ab und fuhr sich mit der Hand übers Gesicht. „Ich hab seit dem Einbruch nicht geschlafen. Kaspersky ist tot und sehr wahrscheinlich bin ich der Nächste auf der Liste."

„Warum tauchen Sie nicht für eine Weile unter?", fragte ich ihn.

Hawks Augen blitzten mich an. „Mädchen, du weißt doch gar nicht, wovon du redest."

„Sie können mich Mav nennen …"

„Auf diesen Linsen befindet sich alles, an dem wir in den letzten zwei Jahren gearbeitet haben. Für Kaspersky sind sie zu seinem Lebenswerk geworden. Hast du mir überhaupt zugehört? Was passiert, wenn Spione diese Technologie in die Finger bekommen? Betrüger? Korrupte Regierungsbeamte? Das Militär oder Terroristen? Allein die Existenz dieser Linsen ist so gravierend, dass es für alle besser ist, wenn *ihr* euch aus der Sache raushaltet. Menschen morden für diese Erfindung."

Ein Schauer lief mir über den Rücken. „Was werden Sie mit den Kontaktlinsen anstellen, wenn Sie sie zurückbekommen?", fragte ich. „Wofür haben Sie sie entwickelt?"

„Ich hab euch schon genug erzählt", erklärte Hawk.

Ich sank erschöpft in den Sessel. Er wollte die Linsen und ich mehr Informationen. Wir drehten uns im Kreis.

Hawk zog einen zweiten Linsenbehälter aus der Hosentasche und hielt ihn mir entgegen. „Ich biete dir dieses Paar zum Tausch an."

„Was ist das Besondere daran?", fragte ich.

„Nichts."

„Wie verlockend", gab ich sarkastisch zurück.

„Wenn du sie annimmst und mir dafür die richtigen Linsen gibst, bekommst du den Zugang zu deinem Safe zurück", sagte er.

Ben bedeutete mir, die Linsen anzunehmen.

Ich ergriff den Behälter und drehte ihn zwischen den Fingern. Ich musste zugeben, dass das Angebot eine Überlegung wert war. Innerhalb weniger Sekunden hätte ich mein Leben zurück.

Wer war ich ohne meinen Safe? Ich konnte mit niemandem Kontakt aufnehmen, nicht reisen, nicht einkaufen. Der Tausch würde all diese Sorgen vertreiben. Aber wenn sich mein Safe so einfach hacken, sperren oder löschen ließ, wer versprach mir dann, dass es nicht erneut passieren würde?

Mareks Worte kamen mir wieder in den Sinn: *Solange Daten gespeichert werden, sind sie nicht sicher.* Was ich in den letzten Stunden erfahren hatte, würde ich nicht mehr so leicht vergessen.

Mit dem Paar, das ich jetzt trug, konnte ich mir hingegen Zugang zu allen Safes dieser Welt verschaffen. Ich betrachtete die Linsen in meiner Hand. „Da reden wir noch drüber", wich ich aus.

Ben ließ die Schultern sinken.

Hawk stöhnte. Er deutete mit dem Finger auf mich. „Wenn du mir die Linsen nicht zurückgibst, kann ich für nichts garantieren. Es gibt jetzt schon zwei Tote. Mit den Kontaktlinsen in deinem Besitz könntest du Nummer drei sein."

Ermattet beugte ich mich über die Küchentheke und drehte den Behälter mit den Ersatzlinsen hin und her. Ein Wort und ich bekam meine Identität zurück.

Ben warf einen prüfenden Blick ins Wohnzimmer, wo Hawk auf dem Sofa saß und auf seinem Screenpaper herumtippte.

„Warum nimmst du sein Angebot nicht an?", fragte er.

„Er könnte bluffen und dann stehen wir mit leeren Händen da", erklärte ich.

„Und wenn wir die Polizei rufen?"

„Darüber haben wir doch gesprochen", blockte ich ab.

„Nur weil Bader korrupt ist, muss nicht gleich die gesamte Polizei aus Lügnern und Betrügern bestehen. Nach der Logik könnte man niemandem mehr vertrauen."

„Genau das ist ja das Problem", wandte ich ein.

Ben sah mich verblüfft an.

„Glaubst du denn, was der Typ sagt?" Er deutete in Richtung Wohnzimmer.

„Seine Story klingt logisch. Etwas abgedreht vielleicht. Aber nach dem, was ich heute gesehen habe, ist nichts unmöglich. Es wäre bloß hilfreich, wenn er uns die ganze Wahrheit erzählen würde."

„Du meinst seine wahren Absichten?"

Ich beobachtete Hawk durch den Türrahmen. „Wenn man so eine bahnbrechende Erfindung macht, dann muss man doch mehr im Schilde führen."

Einige Lücken hatte er gefüllt, aber mit seiner Version der Ereignisse hatte er auch neue Fragen aufgeworfen.

Und wie Marek in die Sache passte, war mir noch immer nicht klar. Als hätte ich seinen Geist heraufbeschworen, tauchte Mareks Gesicht vor meinen Augen auf. Der Boden unter meinen Füßen begann sich zu drehen und mir wurde schwindelig.

Ben kam auf mich zu. „Alles in Ordnung?"

Ich griff nach seinem Arm.

Dann sah er, was ich sah. Auf dem Wallpaper im Wohnzimmer war Marek in Großaufnahme zu sehen. Es wirkte wie die Aufnahme einer geheimen Kamera.

„Dein Freund war gar nicht so unbegabt. Besser als ich erwartet hätte", sagte Hawk, als wir uns dem Wallpaper näherten.

„Was ist das?", fragte ich.

„Das ist eine Aufzeichnung von der Sicherheitskamera deines Freundes. Liege ich richtig mit der Vermutung, dass er ein Hacker war?", fragte Hawk.

„Ein Hacktivist. Aber das ist lange her. Woher wissen Sie das?"

„Man erkennt es daran, wie er seine Daten gesichert hat." Er lächelte. Doch der Triumph wich rasch aus seinem Gesicht. Hawk sprang vom Sofa auf. „Natürlich!", rief er aus. „Er sollte die Daten entschlüsseln! Deshalb haben sie die Linsen zu ihm gebracht. Vielleicht hofften sie, den Code selbst offenlegen zu können. Aber es ist ihnen nicht gelungen. Und dann haben sie sich an deinen Freund gewandt – in der Hoffnung, er würde ihnen das Geheimnis verraten. Womöglich steckte er von Anfang an in der Sache drin."

„Marek war nicht kriminell", verteidigte ich ihn.

„Hast du nicht gerade gesagt, dass er Hacktivist war?"

„Na, ich meine, er war nicht *richtig* kriminell. Leute-totschießen-und-Büros-durchwühlen-kriminell … Aber was soll das eigentlich alles?"

„Ich suche nach Hinweisen. Das erste Video auf dem Server ist von gestern 19 Uhr. Ich gehe davon aus, dass nur auf die letzten vierundzwanzig Stunden zurückgegriffen werden kann. Dein Kumpel hat die Daten gut verschlüsselt. Die Aufzeichnungen sollten ihm anscheinend nur nützen, solange er am Leben war. Die Polizei wird vermutlich eine ganze Weile brauchen, bis sie seinen Code geknackt hat."

Ich wollte gar nicht wissen, wie es Hawk nun wieder gelungen war, sich in Mareks Sicherheitssystem zu hacken. Über das Wallpaper hinter Hawk flimmerten hochauflösende Farbaufnahmen aus dem Laden. Mir war nicht bewusst gewesen, dass ich bei jedem meiner Besuche gefilmt worden war. Dem Winkel zufolge befand sich die Kamera im oberen Eck neben der Eingangstür.

Hawk spulte die Aufnahme vor. Im linken unteren Bildrand schritt die Uhr rasend schnell voran. 06:30 Uhr: Marek kommt herein und räumt auf. 07:00 Uhr: Marek trinkt einen Kaffee. 07:15 Uhr: Ich komme in den Laden.

Mein Auftritt war so wenig spektakulär, wie ich ihn in Erinnerung hatte. Die Szene lief vor meinen Augen ab wie ein schlechter Film. Ich übergab Marek die kaputten Linsen, er reichte mir die falschen Ersatzlinsen, wir unterhielten uns.

Die Bilder jagten innerhalb von wenigen Sekunden über die Wand.

9 Uhr ging vorbei. 10 Uhr verstrich. Ein Kunde betrat den Laden und ging wieder, ohne etwas zu kaufen. Gegen 12 Uhr schloss Marek den Laden ab und ging mit meinen defekten Linsen in den Lagerraum. Dort verschwand er für einige Zeit.

„Gibt es eine zweite Kamera? Können wir sehen, was er da drinnen macht?", fragte Ben.

Hawk runzelte die Stirn. „Die Kamera war zu seiner Sicherheit da, nicht zu seiner Überwachung."

Nach der Mittagspause ging Marek zurück an den Tresen. Eine Weile geschah nichts.

14:29 Uhr: Jemand betritt den Laden.

Als Hawk erkannte, dass es sich womöglich um den Mörder von Marek handelte, ließ er das Video langsamer laufen.

Gebannt verfolgten wir, wie Marek hinter seinem Tresen stand und Informationen eingab. Die Gestalt, die das Geschäft betreten hatte, war groß gewachsen und trug eine Art Regenjacke. Die Kapuze hatte sie über den Kopf gezogen. Von hinten ließ sich nicht annähernd ausmachen, wer es war. Die breiten Schultern wiesen jedoch auf einen Mann hin.

Sofort kam mir Baders kräftige Statur in den Sinn. Er hatte genauso bedrohlich gewirkt.

Die Gestalt ging auf Marek zu. Der blickte auf und sprach den Besucher an. Seinen Bewegungen zufolge erwiderte der Fremde etwas und streckte fordernd die Hand aus. Marek zuckte mit den Schultern. Die Gestalt lehnte sich über den Tresen und packte ihn am Kragen. Marek versuchte zu beschwichtigen, doch sein Gegenüber ließ nicht von ihm ab.

Geschockt blickte ich auf die Aufnahme. Der Fremde stieß Marek in Richtung Abstellkammer. Marek stolperte in den Raum. Als er kurz darauf zurückkam, hielt er einen kleinen Gegenstand in der Hand. Zunächst konnte ich nicht erkennen, was es war. Dann erinnerte ich mich an den Moment, in dem ich ihn erschossen aufgefunden hatte. Es war der leere Behälter für Linsen. Er war grün.

Der Fremde schlug Marek den Behälter aus der Hand. Alles ging sehr schnell. Eine Waffe blitzte auf. Im nächsten Moment ging ein Zucken durch Mareks Körper.

Ich hatte das Gefühl, selbst getroffen worden zu sein.

Marek taumelte einen Schritt zurück und stützte sich auf dem Tresen ab. Wenige Augenblicke darauf brach er zusammen.

Bei der Tat zuzusehen und nichts unternehmen zu können, traf mich härter als der tatsächliche Fund von Mareks Leiche.

Der Mörder stürmte in die Abstellkammer und kam mit leeren Händen wieder heraus. Er tippte auf dem Tresen herum. In der Historie entdeckte er wahrscheinlich, dass ich an diesem Tag die einzige Kundin gewesen war. Dann verließ der Fremde das Geschäft.

„Schalten Sie das ab", befahl ich Hawk. Ich konnte die Bilder nicht länger ertragen.

Hawk spulte den Film ein wenig zurück. Er stoppte bei dem Moment, in dem sich der Täter umwandte und zur Tür ging. Die Kapuze hing ihm tief ins Gesicht und der Jackenkragen ragte ihm bis unter die Nase.

„Erkennst du was?", fragte Ben. „Ist es Bader?"

Ich schüttelte den Kopf. „Das könnte jeder sein."

Wenn ich es nicht besser gewusst hätte, hätte es sogar Ben sein können.

„Machen Sie es aus", bat ich Hawk erneut.

Das Video verschwand von der Wand. Seufzend rollte Hawk sein Screenpaper zusammen.

„Mav." Ben legte die Hand auf meine Schulter. Diesmal ruhte sie nicht sanft auf mir, sondern griff fest zu. Seine Finger gruben sich in meine Haut.

Alarmiert wandte ich mich zu ihm um. „Was ist los?"

Er nickte in Richtung Wallpaper. Ben projizierte Informationen von seinen Linsen auf die Wand. In kleinen Buchstaben stand dort: *Stiller Alarm, 18:40 Uhr.*

„Jemand ist im Haus", flüsterte Ben. „Er hat die Kellertür geknackt."

Ich blickte zu Boden. Ein weiterer ungebetener Besucher. Direkt unter uns. Wie hatte er uns hier aufgespürt?

Das Alarmsystem des Hauses sandte einen Einbruchalarm an die Polizei. *Einsatzkräfte in circa 6 Minuten vor Ort* erschien auf dem Wallpaper.

„Wir müssen hier weg", zischte Hawk und sah ebenfalls zu Boden.

„Die Polizei wird …", begann Ben, doch Hawk schnitt ihm das Wort ab: „Noch ein Grund zu verschwinden. Die sollen das gerne untereinander klären."

In dem Punkt musste ich ihm zustimmen. Ich war nicht heiß darauf, erneut in die Schusslinie eines Einbrechers zu geraten. Und wenn es sich dabei um den gleichen Kerl wie in meiner Wohnung handelte, dann würden uns in wenigen Sekunden die Kugeln um die Ohren fliegen. Die Polizei konnte sich noch so sehr beeilen. Sie würde zu spät kommen.

Wir lauschten nach Geräuschen. Es war totenstill.

Bevor Hawk oder Ben ein weiteres Wort sagen konnten, befahl ich ihnen flüsternd, in Richtung Garage zu laufen. Ich packte Ben am Arm und zog ihn mit.

Ein Poltern ertönte im Flur hinter uns.

„Schneller!", entfuhr es mir.

Wir flohen durch einen kurzen Gang direkt zur Garage, die an das Haus angebaut worden war. Die Tür glitt automatisch zur Seite, als wir uns näherten. Ich machte eine gedankliche Notiz, so einen Mechanismus auch für meine Eingangstür installieren zu lassen.

Hinter uns fiel ein Schuss.

Ich sah noch den Schatten des Verfolgers, als Ben die Tür zuzog und verriegelte. „Da kann er sich nicht so schnell durchschießen."

Zwei dumpfe Einschläge ertönten. Wir wichen von der Tür zurück.

„Und jetzt?", fragte Hawk.

Mein Blick glitt an ihm vorbei zum Sommerwagen der Dens. Ein Cabriolet. Ich sagte nichts, fühlte aber bereits die Anspannung in Ben aufsteigen.

„Bist du autorisiert, den Wagen zu fahren, Junge?", fragte Hawk.

Bens Kiefermuskeln traten deutlich hervor. Ich konnte sehen, wie er mit sich kämpfte. In ein Auto zu steigen, geschweige denn es zu fahren, kostete ihn jedes Mal enorme Überwindung. Er hatte seine Mutter bei dem Autounfall damals verloren und die Erinnerung daran saß noch immer tief.

„Wenn du den Wagen öffnest und startest, dann kann ich fahren", bot ich an.

Ben schüttelte den Kopf. „So hab ich wenigstens die Kontrolle darüber." Mit diesen Worten entriegelte er die Türen.

Ich ließ Hawk hinten einsteigen und setze mich neben Ben.

Sobald er den Motor startete, fuhr das Garagentor vor uns nach oben. Ich griff nach Bens rechter Hand und drückte sie, als wir aus der Einfahrt fuhren.

„Es ist nur eine Frage von Sekunden bis der Irre in seinen Wagen hüpft und uns einholt. Also, gib besser Gas, Junge!", befahl Hawk.

Ben trat auf das Gaspedal. Der Motor heulte auf und der Tacho stieg schnell auf sechzig Stundenkilometer. Dann wurde das Tempo gedrosselt.

Ich sah, wie Ben vergeblich versuchte zu beschleunigen. „Fantastisch. Wir sind mit fünfzig Stundenkilometern auf der Flucht", stöhnte ich.

„Ist das etwa kein Aftermarket?", entfuhr es Hawk.

„Natürlich nicht. Wir sind rechtschaffene Bürger", gab Ben zurück.

„Rechtschaffene Scheiße! Uns ist ein Irrer auf den Fersen. Wir müssen das Teil hacken", fluchte Hawk.

„Das geht nicht", protestierte Ben. „Mein Vater ist Politiker. Wenn die Medien aufschnappen, dass er …"

„Das sollte jetzt unsere geringste Sorge sein. Der Typ hat gerade in deinem Haus um sich geschossen", unterbrach Hawk ihn und lehnte sich zwischen die beiden Vordersitze.

Er löste das Screenpaper von seinem Handgelenk und tippte darauf herum. „Keine Sorge. Ich hab das schon mal gemacht."

„Sie können den Wagen nicht hacken", wiederholte Ben.

Ein Quietschen ertönte hinter uns. Ich drehte mich um und blickte durch die Heckscheibe. Ein schwarzer SUV kam um die Ecke gerast. Das war nicht der Wagen, den ich demoliert hatte. Aber auch bei diesem Modell handelte es sich offensichtlich um einen Aftermarket.

„Der holt uns in wenigen Sekunden ein", sagte ich.

„Okay, tun Sie, was immer nötig ist", lenkte Ben bei einem Blick in den Rückspiegel ein.

Über Hawks Screenpaper erschien ein Hologramm des Cabriolets. In samtblauem Licht ragte es in den Innenraum des Wagens. Über die Ansicht konnte Hawk auf einzelne Bereiche des Autos zugreifen. Mit einer leichten Handbewegung drehte er die Simulation und fuhr mit den Fingern in den Innenraum. Dort wählte er sich in den Bordcomputer ein. „Gib mir ein paar Sekunden."

Sekunden? Ich bezweifelte, dass er es so schnell schaffen würde.

In all dem Chaos tauchte das Gesicht von Bens Vater auf der Windschutzscheibe auf. Er versuchte seinen Sohn zu erreichen. Vermutlich hatte er von dem stillen Alarm erfahren.

Gerade als Ben den Anruf annehmen wollte, verschwand das Bild von der Windschutzscheibe.

Ich drehte mich zu Hawk um und sah ihn strafend an. Er hatte den Anruf über das Screenpaper beendet.

„Dafür ist jetzt wirklich keine Zeit", rechtfertigte er die Aktion.

Die Scheinwerfer des SUV blendeten mich.

Er hatte uns eingeholt. Ein Ruck fuhr durch das Fahrzeug. Unser Verfolger schob uns von hinten an. Doch je schneller er wurde, desto mehr versuchte das Cabriolet automatisch, das Tempo zu drosseln. Es roch nach verbranntem Gummi.

„Er will uns abdrängen." Ben hielt das Lenkrad fest umschlossen.

Wir fuhren direkt auf eine Kurve zu. Hawk musste schnell eine Lösung finden.

„Halt den Wagen so stabil wie möglich, Junge. Wenn ich ‚jetzt' sage, trittst du das Gaspedal durch", meldete er sich von der Rückbank, ohne den Blick vom Screenpaper abzuwenden.

Die Straßenbiegung kam immer näher. Dahinter lag ein kleiner Brunnen mit zwei Parkbänken. Hawk musste sich wirklich beeilen, wenn wir nicht mit der wassersprühenden Statue kollidieren wollten.

„Die Drosselung ist gleich raus", verkündete er. „Wir rasen davon in drei, zwei – jetzt."

Ben gab Gas. Das Auto schnellte mit einem Satz nach vorn. Diesmal fühlte es sich an, als würden wir in einer Rakete zum Mars geschossen werden. Durch den zusätzlichen Anschub des SUV schoss das Cabriolet los wie ein Aufziehauto. Ben riss das Lenkrad herum und wir schlitterten um die Kurve. Ich wurde gegen die Tür gepresst und hielt mich am Armaturenbrett fest. Mein Magen machte einen Salto.

Ben krallte sich so fest an das Lenkrad, dass ich befürchtete, er würde es im nächsten Moment aus der Halterung reißen.

Der Geländewagen hinter uns geriet ins Trudeln. Ich sah im Seitenspiegel, wie wir uns immer weiter von unserem Verfolger entfernten. Der mähte eine der Bänke komplett nieder und blieb anschließend mit seinem SUV im Brunnen hängen.

Erleichtert atmete ich auf. „Das war knapp.“

„Wo sollen wir jetzt hin?“, fragte Ben.

Ich hatte keine Ahnung …

Ben verlangsamte das Tempo, sobald der Brunnen außer Sichtweite war. Eine Weile waren wir alle still. Ohne Hawks Hilfe wären wir selbst im Brunnen gelandet.

Ich atmete mehrmals tief ein und wieder aus. Doch beim dritten Atemzug blieb mir die Luft weg. „Halt an", sagte ich und ergriff Bens Hand.

„Was? Wieso?"

„Halt einfach an."

Ben stieg auf die Bremse. Ich sprang vom Beifahrersitz und lief zurück zu der Bushaltestelle, die wir eben passiert hatten. Hawk und Ben folgten mir.

Mit offenem Mund blieb ich vor der Call-Wall stehen, die neben dem Bushäuschen platziert war. Auf der digitalen Wand flimmerten die Neuigkeiten des Tages. *TOTER BEI RAUBÜBERFALL IN BERLIN* stand dort in großen Buchstaben.

Hawk aktivierte die Lautsprecher.

„Ein sechsunddreißigjähriger Optechnician wurde tot in seinem Geschäft aufgefunden. Die Polizei geht von einem Raub mit Mord oder Totschlag aus", berichtete die Moderatorin. „Sollten Zeugen Verdächtiges in der Umgebung des Tatortes beobachtet haben, werden sie gebeten, sich bei der Kriminalpolizei zu melden."

Dann gab die Sprecherin die Kontaktdaten der Meldestelle durch. Mir wurde übel. Die folgende Nachricht verstärkte meinen Brechreiz: „In Zusammenhang mit diesem

Fall sucht die Polizei nach einer sechzehnjährigen Berlinerin namens Nora-Sophie Ruiz …"

Ein Foto von mir poppte auf der Call-Wall auf. Es war mein Ausweisfoto, das ich für all meine digitalen Papiere verwendete. Ich sah darauf aus wie eine Verbrecherin. Eine ziemlich junge Verbrecherin mit einer grauenhaften Frisur, um genau zu sein.

„Bad hair day?", spottete Hawk neben mir.

„Wer im Glashaus sitzt …", zischte ich.

Er deutete auf die Call-Wall. „Genau das ist der Grund, warum ich deinen Safe gesperrt habe."

Ich traute meinen Augen kaum, als Emmas pfirsichfarbenes Gesicht auf dem Display erschien. Sie wurde als meine „Mitschülerin" und die „Zeugin" vorgestellt, die mich zuletzt lebend gesehen hatte.

„Ich hab gleich gemerkt, dass da was nicht stimmt", erklärte sie. „Die stand völlig neben sich. Ich wäre aber nie darauf gekommen, dass sie was mit einem Mord zu tun hat. Ich meine, sie hat es erwähnt – aber nicht so deutlich, verstehen Sie? Ich hab ihr sogar noch ein PuC freigeschaltet und ihr quasi zur Flucht verholfen. Ich fühl mich echt schlecht deswegen. Außerdem schuldet sie mir 6,16 Euro."

Ich ballte die Hände zu Fäusten. Jetzt fiel mir Emma also doch in den Rücken. Dabei hatten wir für etwa zwei Sekunden so etwas wie echte zwischenmenschliche Bindung erlebt, als sie mir mit dem Wagen geholfen hatte.

Ich nahm Bens Hand und zog ihn Richtung Auto.

„Wo willst du hin?", fragte Hawk. „Ihr könnt nicht zur Polizei. Das ist euch doch klar. Die Linsen können in den falschen Händen viel Schaden anrichten."

„Was Sie nicht sagen!", schimpfte ich.

In ganz Berlin wurde nach mir gesucht. Uns blieb im Moment nichts anderes übrig, als uns so unauffällig wie möglich zu verhalten.

„Wir müssen herausfinden, was wirklich mit Marek und Kaspersky passiert ist. Nur dann wissen wir, wem wir vertrauen können", sagte ich.

Hawk stemmte die Hände in die Hüften. „Das Problem ist, dass du dank deiner Neugier immer tiefer in das Ganze hineingerätst, während ich versuche, dich da rauszuhalten."

„Es ist ja wirklich nett, dass Sie sich Gedanken um mein Wohl machen, aber ich kann ganz gut eigene Entscheidungen treffen", konterte ich.

„Weißt du, dass es vor allem Leute wie du sind, die alles nur noch schlimmer machen?", warf er mir vor. „Du steckst deine Nase in Sachen, die dich nichts angehen. Überall, wo du hingehst, ziehst du eine Spur von Beweisen hinter dir her. Je mehr du erfährst, desto gefährlicher wirst du. Mach doch mal die Augen auf. Die Polizei sucht nach dir. Dein Gesicht pflastert die Displays dieser Stadt."

„Und das soll mich jetzt davon überzeugen, Ihnen die Kontaktlinsen zurückzugeben? Zusammen mit den einzigen Beweisen, die ich habe?" Ich klang selbstsicherer, als ich mich fühlte.

„Sobald ich die Linsen in Händen halte, werde ich alle Informationen, die dich belasten könnten, vernichten", sagte Hawk. „Das verspreche ich." Er streckte mir die Handflächen entgegen, als könnte er mir damit beweisen, dass er nichts zu verbergen hatte.

„Wie beruhigend. Und das von der Person, die sich in die Profile toter Freunde hackt", schmetterte ich seine alberne Geste ab.

Hawks Augen verengten sich wieder zu schmalen Schlitzen. „Du spielst mit dem Feuer, Mädchen."

„Wenn diese Technologie so gefährlich ist, warum haben Sie sie dann entwickelt?", ging Ben dazwischen.

„Es ist kompliziert. Das verstehst du nicht. Auf jeden Fall ist es zu spät für moralische Bedenken", sagte Hawk. „Wenn wir es nicht gemacht hätten, dann hätte es früher oder später jemand anderes getan."

„Wahnsinnig überzeugendes Argument. Ich wette, genau das Gleiche hat der Erfinder der Atombombe auch gesagt", entgegnete ich bissig. „Haben Sie jemals über die Konsequenzen nachgedacht oder wollten Sie sich nur selbst beweisen, was für schlaue Kerle Sie sind?"

„Mädchen, so wie ich das sehe, habe ich bisher nichts anderes getan, als dir zu helfen. Mein schlaues Köpfchen hat uns eben alle gerettet. Und wenn ich mich nicht irre, hab ich keinerlei Anstalten gemacht, die Linsen gewaltsam aus deinen Augen zu reißen."

„Das wäre ja noch schöner!", rief ich aus. „Außerdem bin ich nicht irgendein Mädchen, ich heiße Mav!"

Hawk ignorierte meine Worte.

„Wir haben Sie mit ins Auto gelassen, als der irre Kerl aufgetaucht ist", sagte Ben und öffnete die Wagentür. „Damit sind wir wohl quitt."

Hawk schob sich neben mich zur Beifahrertür. „Ohne meine Unterstützung wärt ihr im nächsten Vorgarten gelandet. Macht euch doch nichts vor. Ihr habt ohne mich keine Chance."

Ben und ich wechselten unentschlossene Blicke. Wir hätten in diesem Moment in das Auto steigen und davonfahren können. Nur war ich mir nicht sicher, was uns das bringen sollte. Wie ich Hawk einschätzte, hätte er sich sofort in eines der geparkten Autos gehackt und wäre uns gefolgt. Solange ich die Linsen bei mir trug, konnte er mich überall aufspüren.

Lieber arbeitete ich mit Hawk zusammen, als vor ihm wegzulaufen. Ich benötigte seine Hilfe, um herauszufinden, warum Marek sterben musste.

„Sie haben vorhin gesagt, dass Sie Kasperskys Mörder, diesem Bane, auf der Spur sind", erinnerte ich mich. „Sie bräuchten nur die passenden Beweise."

„Das ist richtig."

„Haben Sie eine Idee, wie wir an diese Beweise kommen könnten?"

„Durchaus. Es ist nur …" Hawk hielt inne und kratzte sich am Hinterkopf. „Nun ja. Es bedarf einiger illegaler Aktivitäten, um an die Informationen zu gelangen."

„Illegaler als das Auto eines Polizisten zu stehlen, damit Fahrerflucht zu begehen und es beinahe zu schrotten?"

„Moment", fuhr Ben dazwischen. „Hast du das etwa alles gemacht?"

„Illegal genug, um dafür verhaftet zu werden. Und deinem Datenschutzkumpel wird es ganz sicher nicht gefallen", antwortete Hawk und nickte in Richtung Ben.

„Sie wollen sich in ein geschlossenes Netzwerk hacken", riet ich.

Hawk verschränkte die Arme vor der Brust. „In diesem Fall sind Codes nicht genug", sagte er. „Wir werden einbrechen müssen. Ganz analog."

„Es ist im ersten Stock", erklärte Hawk.

Ich schaute durch das Seitenfenster an dem grauen Gebäude hinauf. Es sah alt und verlassen aus, als hätte man es vor Jahren geräumt.

„Was für eine Bruchbude. Hatte Kaspersky Geldprobleme?", fragte ich.

„Es gibt vieles, das ich nicht über ihn weiß. Vielleicht hat er mich sogar für Geld verraten", antwortete Hawk. „Er war ein wandelnder Widerspruch. Er verabscheute Geld, aber er war dennoch darauf aus. Er verachtete die Technologie, war aber auch fasziniert von ihr. Er wollte bestehende Codes brechen, um allen zu zeigen, wie unzulänglich sie waren. Es war diese Hassliebe, die ihn zu einem der besten Programmierer gemacht hat, dem ich je begegnet bin. Die Ironie ist, dass wohl genau das ihn ins Verderben gestürzt hat."

„Können Sie uns noch einmal erklären, warum wir ausgerechnet in dieses Gebäude einbrechen müssen?", fragte Ben mit Unbehagen in der Stimme.

Hawk runzelte die Stirn. „Junge, es ist für dich doch nicht wichtig, in welches Gebäude wir einbrechen. Dir wäre es lieber, wenn wir es gar nicht täten."

„Stimmt. Und jeder mit gesundem Menschenverstand würde mir zustimmen."

Ben hatte recht. Ich war bereit, Risiken einzugehen, wenn sie mich der Erklärung für Mareks Tod ein Stück näher brachten. Für ihn war die Situation jedoch eine andere. Er war Marek zweimal begegnet und hätte keinerlei Bezug zu dem Fall gehabt – hätte ich ihn nicht mit hineingezogen.

„Wenn dir das zu viel ist, dann verstehe ich das", sagte ich. „Auch wegen deines Vaters."

Ben hatte auf unserer Flucht mehrmals versucht, Herrn Den anzurufen. Doch sein Vater nahm nicht ab. Der Mann war so schwer zu erreichen wie die ersten Touristinnen auf dem Mond.

Ben schüttelte den Kopf. „Das ist es nicht." Er warf einen Blick zu Hawk. „Ich traue dem Kerl nur nicht."

„Ich kann euch hören", brummte der Programmierer. „Dass wir in diesem Leben keine Freunde mehr werden, haben wir ja schon geklärt. Ich liefere euch die Hinweise zum Mörder deines Kumpels, damit du danach in Frieden leben kannst und entlastet wirst. Du gibst mir dafür die Linsen und ich schalte deinen Safe frei. Alles klar?"

Ich nickte. „Also, wie lautet der Plan?"

Hawk hielt uns sein Screenpaper vor die Nase. Er aktivierte die Hologrammfunktion, die uns ein Abbild des Häuserblocks zeigte, vor dem wir uns befanden. Wie ein Architekturmodell ragte es bis unter die Decke des Cabriolets. Hawk drehte das Hologramm, sodass wir die Straßenzüge und Häuser in matten Farben von oben sehen konnten.

„Wir befinden uns in dieser Nebenstraße. Der Haupteingang zum Gebäude ist direkt hier an der Ecke." Er deutete auf die entsprechende Stelle. „Ich konnte mir bisher keinen Zugang zum Sicherheitssystem der Wohnung verschaffen. Aber ich habe auch nicht erwartet, dass es einfach werden würde."

„Und jetzt?", fragte ich.

„Müssen wir den altmodischen Weg nehmen."

Wir wandten den uralten Klingeltrick an, um in das Gebäude zu gelangen. Wahllos drückten wir auf die Knöpfe. Irgendjemand betätigte den Buzzer, ohne nachzufragen.

Im Hausflur roch es muffig. Die Tapete schlug Wellen und löste sich von den Wänden. Sie stammte aus einer Zeit, als digitale Wallpaper noch Zukunftsvisionen gewesen waren. Der Teppich auf der Treppe war abgetreten und erinnerte an einen überfahrenen Marder.

Im zweiten Stock blieben wir vor Kasperskys Wohnungstür stehen. Es handelte sich um eine dicke Metalltür, die im Gegensatz zu allem anderen nagelneu wirkte.

„Ich nehme an, dass es keine Option ist, die Tür aufzubrechen", bemerkte Ben.

Hawk war bereits damit beschäftigt, über sein Screenpaper die Verbindung zum Irisscanner der Tür zu prüfen.

„Ist es ein geschlossenes System?", fragte ich.

Er schüttelte den Kopf. „Würde man annehmen. Aber dieser Scanner ist mit einer Alarmanlage versehen. Und Kaspersky hat sicherlich noch ein paar Falltüren eingebaut. Das Risiko ist zu hoch."

„Und wenn Sie die Anlage hacken, wird dies an die Polizei gemeldet?", fragte Ben.

„Das ist durchaus möglich."

Bei einem Einbruch erwischt zu werden, stand nicht besonders weit oben auf meiner Wunschliste.

Hawk blickte uns verschmitzt an. Für seine Verhältnisse. „Ich hab eine bessere Idee."

Das konnte nichts Gutes bedeuten …

„Was, wenn er mich in den Nachrichten gesehen hat?", fragte ich nervös.

„Sobald du ihm in die Augen blickst, wird er alles um sich herum vergessen", sagte Hawk und klang dabei für meinen Geschmack eine Spur zu ironisch.

Ben legte mir die Hand auf die Schulter. „Wenn dir was verdächtig vorkommt, brich die Aktion ab."

Ich war mir nicht sicher, ob unser Plan brillant oder bescheuert war. Ich weigerte mich, die Kontaktlinsen herauszunehmen. Die Gefahr, dass Hawk sie ergreifen und damit abhauen würde, war einfach zu groß. In der Konsequenz bedeutete das allerdings, dass nun ich dem Vermieter des Gebäudes die Iris scannen musste. Anhand seines Profils konnten wir uns Zugang zu Kasperskys Wohnung verschaffen.

„Du solltest dich auf eines der beiden Augen konzentrieren", sagte Hawk. „Dabei bleibt dein Blick ruhiger und die Kontaktlinsen können schneller reagieren."

„Und Sie sind sicher, dass der Mann der Vermieter ist?", fragte Ben.

Hawk nickte. „Kaspersky hat mir mehrmals erzählt, wie anstrengend der Kerl ist. Er ist sehr neugierig."

„Wie beruhigend", seufzte ich. „Wissen Sie, dass ich im Theaterkurs in der achten Klasse eine Vier bekommen habe?"

„Dann ist das jetzt dein Moment, diese alte Schmach wiedergutzumachen. Zeig der Welt, was in dir steckt", kommentierte Hawk trocken. Er schob mich in Richtung Treppenabsatz.

Auf den wenigen Metern zur Wohnungstür des Vermieters versuchte ich, mich an den Text zu erinnern, den

Hawk mir vorgesagt hatte. Irgendetwas mit einem Dinner und einem Korkenzieher …

Mein Puls hämmerte, als ich mich der Tür näherte. Aus der Wohnung drangen die Geräusche einer Sendung. Ich blickte zur Treppe hinauf. Ben und Hawk hielten sich oben versteckt. Ich war auf mich allein gestellt. Zögerlich drückte ich auf die Klingel. Drinnen hörte ich ein Husten, gefolgt von Schritten. Ein kleiner, dicker Mann öffnete die Wohnungstür. Er ging mir gerade mal bis zum Kinn. Ich konnte ihm direkt auf seinen kahlen Kopf schauen.

„Ja, bitte?"

Ich suchte den Kontakt zu seinen tiefliegenden Augen. „Hi …!" Was hatte ich noch mal sagen wollen? „Korkenzieher!"

„Korkenzieher?" Der Mann kniff die Augen zusammen. So würde ich sie nie scannen können.

„Genau." Ich nickte freundlich. „Wir kochen und uns fehlt ein Korkenzieher. Da dachte ich mir: Frag doch mal bei den Nachbarn nach."

„Ich hab keinen Korkenzieher", gab der Mann knapp zurück. Dann flog die Tür vor meiner Nase zu.

Verwundert starrte ich auf das Metall. „Okay", murmelte ich und sah mich um.

Das war nicht gerade nach Plan verlaufen. Vier Sekunden konstanter Blickkontakt waren eine Herausforderung. Vor allem mit einem fremden, mürrischen Mann, der nach Zwiebeln roch.

Mir blieb nichts anderes übrig, als es noch einmal zu versuchen. Diesmal klopfte ich. Einen Moment lang geschah nichts, dann hörte ich seine Stimme. Er fluchte leise, als er die Tür ein zweites Mal öffnete. „Sie schon wieder?"

„Wohl eher immer noch", lächelte ich. „Sie haben mich ja gar nicht ausreden lassen."

Der Mann blickte mich stumm an. Ein Teilerfolg.

„Das mit dem Korkenzieher ist sehr schade", fuhr ich fort. *Nicht blinzeln.* „Aber leider haben wir auch kein … Salz da." Ich ließ die Worte langsam von der Zunge rollen, als hätte ich ein Glas Wein zu viel getrunken. Ich lehnte mich weiter vor, bis ich fast über dem Mann hing. „Und keinen Zucker."

Grüne Augen. Seine Wimpern waren kurz und spärlich. So nah wäre ich ihm im normalen Leben nie gekommen. Wie konnte man so intensiv nach Gemüse stinken?

Bitte, bitte, nicht blinzeln.

„Und Zwiebeln?"

Wenn er behauptete, Letzteres nicht im Haus zu haben, würde ich eigenständig die Wohnung stürmen und das Gegenteil beweisen.

Der Mann legte die Stirn kraus. Ich konnte ihm ansehen, dass ich ihm verdächtig vorkam. Hatten sich die Kontaktlinsen bereits verfärbt? Oder kannte er mich aus den Nachrichten?

Die vier Sekunden mussten doch langsam rum sein.

Er fasste sich mit der Hand ans Kinn. „Salz, ja", nuschelte er in die dicken Wurstfinger.

In diesem Moment sah ich eine Zahlenreihe im unteren Sichtbereich. Der Scan hatte funktioniert.

„Fantastisch!", rief ich aus. Ich schlug die Augen nieder und versuchte, meine Euphorie herunterzuspielen: „Ich meine, dann ist unser Dinner ja gerettet."

„Aber nicht, dass wir uns falsch verstehen: Zwiebeln und Zucker hab ich nicht", sagte der Vermieter mit erhobenem Zeigefinger. „Einen Moment."

Währenddessen öffnete sich sein Safe vor meinen Augen. Der Anblick erfüllte mich mit Erregung und Abscheu zugleich. Da stand ich und verschaffte mir Zugriff auf sein Leben. Auf der rechten Seite meines Sichtfelds tauchten Zahlen und Statistiken auf. Es schien sich dabei um Spielergebnisse zu handeln. Der Vermieter hatte sie offenbar als festen Bestandteil seiner Startoberfläche eingerichtet. Unter den Zahlenreihen standen der Nutzername *SuperZocker1967* und eine Art Kontostand. Damit verbrachte er also seine Freizeit. Das Geld hätte er lieber in die Fassade des Gebäudes investieren sollen.

Auf der linken Seite war das Menü zu sehen. Von dort aus konnte ich auf unterschiedliche Bereiche des Safes zugreifen, ohne dass der Vermieter etwas davon mitbekam. Für gewöhnlich waren die Schaltflächen weiß, halbtransparent oder grau. Sie fügten sich natürlich in die reale Umgebung ein. Hier aber waren sie golden und funkelten.

Der Vermieter kam zurück und drückte mir einen Salzstreuer in die Hand. Er hatte die Form eines Spielwürfels. „Den will ich nachher aber zurückhaben. Ist mein Glücksbringer."

Dann knallte die Tür vor mir ins Schloss.

Der Zugang zu Kasperskys Wohnung war jetzt ein Kinderspiel. Ich musste lediglich in den Scanner vor seiner Wohnung blicken und die Tür sprang auf. Bis zu dieser Aktion war mir nicht bewusst gewesen, dass ich mit den Kontaktlinsen nicht nur Zugang zu den Safes anderer hatte, sondern damit auch auf ihr Hab und Gut zugreifen konnte. Ich hätte mir in diesem Moment mit dem Profil des Vermieters ein PuC mieten, sein verschlossenes Büro betreten oder auf Shoppingtour gehen können. Es war ein seltsames Gefühl, so viel Macht über das Leben einer anderen Person zu haben.

Die Linsen, die ich trug, wurden laut Hawk als zusätzliches Gerät angesehen, das mit dem Safe verbunden war. So konnte der Vermieter zum Beispiel mit seinen eigenen Kontaktlinsen Videos schauen, während ich von ihm unbemerkt durch seine Nachrichten scrollte. Zwei Geräte, ein Safe. Mit dem Profil des Vermieters vor Augen war ich mir nicht sicher, ob ich eher Respekt oder Angst vor Hawks Fähigkeiten haben sollte. Er war ein derartig guter Hacker und Tüftler, dass er eine Bedrohung für jeden werden konnte. Seinen Mangel an emotionaler Intelligenz verbarg er hinter technischem Sachverstand. Was würde er selbst mit den Linsen anstellen, wenn er sie zurückbekam?

Hawk zupfte seine Handschuhe zurecht, bevor wir die Wohnung betraten. *Er* würde schon mal keine Fingerabdrücke hinterlassen. Vorsorglich zog ich mir die Ärmel über die Hände.

„Verhaltet euch so leise wie möglich", warnte Hawk.

Ich ergriff mein zusammengerolltes Screenpaper und nutzte es als Taschenlampe.

In der Wohnung war es warm und stickig. Neben der Garderobe hing ein Poster. Im Licht des Screenpapers wirkte die Abbildung geisterhaft. Ich wusste nicht, ob es eine Maske oder ein Gesicht war, das mich von dem dicken Papier aus angrinste. Ein weit nach oben gebogener Schnurrbart krönte das Grinsen. Die Wangen waren vor Beglückung rosig eingefärbt. Die Augen bestanden aus kleinen, schwarzen Schlitzen. Diese Grimasse glich einem Phantom, das uns beim Einbruch beobachtete.

„Jugendsünden", murmelte Hawk von der Seite und bog ab.

Ich folgte ihm und Ben und durchleuchtete den Raum. An der Wand türmten sich drei Regale bis tief unter die Decke. Auf den oberen Regalböden reihten sich alte elektronische Geräte. Aus manchen von ihnen standen Kabel hervor, andere sahen intakt aus. Die unteren Bretter waren mit Comicheften gefüllt.

Auf der anderen Seite des Wohnzimmers stand ein großer Tisch, der eine Kombination aus Arbeitsplatte und Schreibtisch war. Die Oberfläche bestand aus einem Display, auf dem einige Bücher lagen.

Hawk schob die Bücher beiseite und legte die flache Hand auf das Display. Es reagierte mit einem bläulichen Schimmern auf die Berührung. Schatten legten sich über Bens und Hawks Gesichter, als das Licht sie von unten anstrahlte.

Der Programmierer zog die Hand zurück. „Jemand war hier."

„Wie kommen Sie darauf?", fragte Ben.

„Schau dir den dünnen Staubfilm an, der auf den Büchern und auf der Oberfläche des Displays liegt. Im Vergleich dazu ist die Stelle, die ich eben berührt habe, makellos rein." Er wies auf eine Ecke am unteren Bildschirmrand. „Hier liegt ebenfalls ein wenig Staub. Aber siehst du die rechteckige Stelle dort, an der fast gar keiner zu sehen ist? Da hat etwas gelegen, das nun nicht mehr da ist."

„Wer könnte sich Zugang zu der Wohnung verschafft haben?", fragte ich.

„Dazu braucht man entweder den Vermieter oder enge Verbindungen zu der Sicherheitsfirma, die das System verwaltet."

„Die Polizei hat solche Verbindungen, oder?", vermutete Ben.

„Richtig. Wenn zum Beispiel ein dringender Tatverdacht vorliegt."

„Oder wenn sie auf der Suche nach Hinweisen zu einem Mord ist?", fragte ich.

„Ich glaube nicht, dass diese Wohnung offiziell von der Polizei durchsucht wurde. Schaut euch um. Wenn ein Polizist hier war, dann in eigener Sache."

Hawk inspizierte eines der Regale. „Hier war auch jemand dran", sagte er und zog ein dickes Buch hervor. Als er es aufschlug, erkannte ich, dass es sich um ein Fotoalbum handelte.

Ich mochte den Nostalgiewert dieser alten Bücher. Sie boten einen Einblick in die Lebensgeschichte eines Menschen. Greifbar und echt. Als ich ein kleines Kind gewesen war, hatten meine Eltern ständig Fotos gemacht und sie online geteilt. Seit dem Reboot war das anders. Man hielt Erinnerungen kaum mehr in Bildern oder Videos fest. Und man lud sie schon gar nicht in Echtzeit hoch.

Wir blickten nicht zurück. Was zählte, war nur der Moment – und den konnte man nicht in allen Einzelheiten festhalten. Eine Erinnerung war komplexer als eine Textdatei, ein Foto oder ein Video. Das hatten die meisten Nutzer nach dem Reboot und der Löschung ihrer Profile erkannt. Stattdessen traf man sich persönlich oder an Meeting Points, um sich direkt auszutauschen. Die digitale Welt ersetzte die Realität nicht, sie ergänzte sie.

Ben und ich schauten Hawk über die Schulter. Die Bilder stammten aus Kasperskys Jugend und dem Studium in Russland. Sie zeigten einen jungen Mann, der offenbar viel Zeit am Rechner oder in Kneipen verbracht hatte. Mit jeder Seite alterte er vor unseren Augen.

Wir begleiteten Kaspersky von Russland nach Berlin. Kaspersky und eine junge Frau auf der Oberbaumbrücke. Kaspersky im Mauerpark. Kaspersky beim Chaos Computer Club.

„Diese Klamotten", stöhnte ich. „Hat man damals schon geahnt, wie lächerlich das mal aussehen würde?"

„Wir sprechen uns in zwanzig Jahren wieder", konterte Hawk und schlug die nächste Seite auf.

„Moment … blättern Sie zurück."

Ich beugte mich so weit vor, dass ich fast auf Hawks Arm lag.

„Was ist?", fragte er.

„Das kann unmöglich sein."

„Was denn?" Hawk wurde ungeduldig.

Ich riss ihm das Buch aus der Hand und wandte mich von ihm ab. Mit der Zoomfunktion der Linsen nahm ich jedes Detail unter die Lupe. Ungläubig blickte ich auf das Bild vor mir.

„Was ist los, Mav?", fragte Ben.

Ich deutete auf das Foto. „Das ist Marek."

Kaspersky und Marek hatten einander gekannt und das seit vielen Jahren. Ich hatte jeden Punkt des Bildes analysiert und war mir sicher, dass es sich um Marek handelte. Zehn Kilo weniger, etwas mehr Haare, die gleiche unvorteilhafte Kleidung. Ich blätterte bis zum Ende des Albums, konnte aber keine weiteren Fotos von ihm entdecken. An einigen Stellen fehlten Bilder. Eine Kruste aus getrocknetem Kleber verriet, dass sie herausgelöst worden waren.

„Könnte Kaspersky selbst die Kontaktlinsen an Marek weitergegeben haben?", fragte Ben.

„Wieso sollte er?", gab Hawk zurück.

„Vielleicht wollte er sie in Sicherheit bringen", sagte Ben. „Es ist so naheliegend, dass keiner darauf kommt: Er versteckt die gestohlenen Linsen in einem Laden für Kontaktlinsen."

Hawk stemmte die Hände in die Hüften. „Willst du damit andeuten, dass Kaspersky den Einbruch in unser Büro nur vorgetäuscht und die Linsen dann zu Marek gebracht hat?"

Ich blickte vom Album auf. „Es würde erklären, wie die Linsen dort gelandet sind."

Hawk schien diese Theorie nicht zu schmecken. „Und wer hat die beiden dann umgebracht? Ein alter Kumpel aus dem Studium? Das ergibt alles keinen Sinn."

„Diese Erklärung ist besser als gar keine", antwortete

ich und wischte mit meinem Ärmel den Deckel des Albums ab.

„Was machen wir jetzt?", fragte Ben.

„Wir müssen weitersuchen. Das Foto ist ein Anfang, aber es reicht nicht", erklärte Hawk. „Schaut nach Notizen, Zetteln, Kritzeleien … Kaspersky wusste, wie unsicher es sein kann, Daten digital abzuspeichern. Was sich verschlüsseln ließ, hat er verschlüsselt. Aber die sicherste Variante ist noch immer, sich Dinge aufzuschreiben. Wir müssen nach Hinweisen suchen, die uns verraten, mit wem er sich vor zwei Tagen getroffen hat … Und versucht dabei, keine Spuren zu hinterlassen", ermahnte er uns. „Wenn die Polizei erst einmal darauf kommt, dass dies kein gewöhnlicher Raubüberfall war, wird sie diese Wohnung auf den Kopf stellen. Wir wollen ja nicht, dass sie eure Fingerabdrücke findet."

Ich schluckte. Davon hatte ich andernorts bereits genug hinterlassen. Ich rubbelte etwas fester über das Fotoalbum. Heimlich schob ich das Bild von Marek und Kaspersky in meine Hosentasche.

„Alles in Ordnung, Mädchen?", fragte Hawk. „Siehst etwas blass um die Nase aus."

„Sie können Mav zu mir sagen", schlug ich zum wiederholten Male vor.

„Das hattest du schon mal erwähnt."

Ich ließ die Schultern hängen. „Und warum tun Sie es dann nicht?"

„Weil das kein echter Name ist. *Mav.* Wie wird das überhaupt geschrieben? Mit V? Wofür soll das stehen?"

„Wenn Sie es unbedingt wissen wollen: Der Name ist aus dem Film *Hawk & Fox*. Schon mal davon gehört?"

Hawk schüttelte den Kopf.

„Und Sie bezeichnen uns als Banausen. Der Film spielt in einer alternativen Realität, in der es nie einen Reboot gab. Technologiekonzerne haben die Macht übernommen und die westliche Demokratie zu Fall gebracht. Angeführt werden sie von zwei Tech-Milliardären: Hawk und Fox. Mavarik, Mav, ist die Heldin des Films", erklärte ich ihm. „Sie lehnt sich gegen die Vorherrschaft der Firmen auf."

Für mich war die Bedeutung des Namens wichtiger als der Klang. Er stand für eine starke, unabhängige Persönlichkeit. Mav wurde von der jungen Ingrid Bergman gespielt. Genauer gesagt von ihrer digitalen Kopie. Denn die echte Ingrid Bergman war bereits 1982 gestorben. *Hawk & Fox* war der erste Film, den man komplett mit verstorbenen Hollywood-Legenden besetzt hatte.

„Da wir gerade dabei sind: Wie heißen Sie eigentlich?", fragte ich.

„Du glaubst doch nicht ernsthaft, dass ich dir meinen Namen verrate", sagte Hawk. „Sei so frei und such dir einen Spitznamen für mich aus. Ich hab Wichtigeres zu tun."

„Schon erledigt", sagte ich.

Jetzt hatte ich wieder seine volle Aufmerksamkeit.

„Ich hab ihn gerade erwähnt."

„Was?", entfuhr es Hawk. „Doch nicht etwa ein Name aus diesem lächerlichen Film?"

Ich nickte. „Sie sind Hawk."

Er fuhr sich mit der Hand über das Kinn, als hätte ich ihm mitgeteilt, dass die Kontaktlinsen verloren gegangen seien.

„Hawk", murmelte er. „Alles klar. Und wer ist unser Dreamboy hier?"

„Ben ist einfach Ben." Er war perfekt, so wie er war. „Er braucht keinen Spitznamen."

Ben grinste.

Hawk legte den Kopf schief. „Und gibt es in deiner verschrobenen Vorstellung von der Realität auch einen Fox?"

„Ganz sicher", sagte ich. „Wir müssen nur noch herausfinden, wer das ist."

Während unserer Durchsuchung blendete ich das Interface des Vermieters aus, soweit es ging. Ich kam mir vor, als wäre ich in einer Schatzkammer gelandet. So viele Goldtöne konnten nicht gut sein fürs Gehirn.

Nach wenigen Minuten blinkten im Messenger des Vermieters einige Nachrichten auf. Ich wählte mich in den Chat ein und sah, dass er sich mit einem Spielkollegen über die neuesten Ergebnisse austauschte. Solange er abgelenkt war, konnten wir in Ruhe weitersuchen.

In Kasperskys Wohnung fühlte ich mich in meine Kindheit zurückversetzt. Unter den Fenstern waren alte Heizkörper verbaut, von der Decke hingen vereinzelt Lampen und der Dielenboden knarzte unter meinen Schuhen. Hier gab es keine Lichtpaneele oder Fußbeläge mit Drucksensoren.

In unserer Wohnung hatte es vor zehn Jahren auch noch so ausgesehen. Als etwas später intelligente Raumsysteme finanzierbar geworden waren, hatten meine Eltern alles erneuern lassen. Nun wusste mein Zuhause besser als ich, was gut für mich war.

Ich schlich den Flur entlang. Zu meiner Rechten befand sich das Bad. Die grauen Kacheln blitzten mir grimmig entgegen, als ich den Lichtstrahl durch den Raum gleiten ließ. Ein Handtuch lag verloren auf den Fliesen.

Darauf folgte die Küche. Ein unangenehmer Geruch schlug mir entgegen, als ich den kahlen Raum betrat. Mein Blick blieb an zwei Metallschalen hängen, die auf dem Boden vor der Heizung standen.

Dieser Geruch … Er kam mir bekannt vor. Meine Befürchtung bestätigte sich, als ich mir den Inhalt der Schalen anschaute: Wasser in der einen und Tierfutter in der anderen. Hier gab es wohl doch noch etwas, das lebte. Hoffentlich. Kaspersky war seit zwei Tagen nicht mehr hier gewesen, aber der Napf war voll.

Ich verließ die Küche und ging zum nächsten Raum. Ohne darüber nachzudenken, riss ich die Tür auf. Noch bevor ich die Taschenlampe in den Raum richten konnte, lief mir etwas über die Füße und flitzte davon.

„Stopp!", rief ich. Als würde so etwas bei Katzen jemals funktionieren.

Das Tier hetzte über den Gang und verschwand im Wohnzimmer. Ein Poltern ertönte. Hawk schrie auf. Im nächsten Moment kam die Katze zurückgerast. Sie miaute aufgeregt und verschwand in dem Zimmer, aus dem sie eben noch geflohen war. Dort versteckte sie sich unter dem Bett.

„Scheußliche Viecher", schimpfte Hawk. Er trat in den Flur. „Ist sie weg?"

Hatte er etwa Angst vor den Tieren?

„Wussten Sie von der Katze?", fragte ich.

Er zuckte mit den Schultern. „Ich kann mir doch nicht alles merken."

Ich ging auf die Knie, um nach der Katze zu schauen. Erst war sie für Tage im Schlafzimmer gefangen und jetzt bedrohten sie drei Fremde in ihren eigenen vier Wänden. Sie hatte sicherlich schon bessere Tage erlebt. Als ich mich zu ihr hinunterbeugte, begegnete die Kratzbürste mir mit einem Fauchen.

„In der Küche steht Wasser und Futter für dich", versuchte ich, die Stimmung zu lockern.

Ihre gelben Augen funkelten mich feindselig an.

„Nicht, dass es später heißt, man hätte dich nicht informiert", seufzte ich und setzte mich auf.

Ich zögerte einen Moment, dann tauchte ich wieder ab. Etwas anderes hatte meine Aufmerksamkeit erregt. Ich griff nach der weißen Karte, die unter einem der Bettpfosten steckte, und begutachtete sie. Ein „M" umfasst von einem Kreis schimmerte auf der Vorderseite. Ich hatte in meinem Leben schon kreativere Logodesigns gesehen. Am unteren Rand der Karte befand sich eine kyrillische Zeichenabfolge, die jemand mit einem Filzstift hinzugefügt hatte.

Ich scannte die Karte mit den Kontaktlinsen und aktivierte die Übersetzungsfunktion. Unter der Adresse wurden mir zwei Zahlenreihen angezeigt: *N 52.48991* und *E 13.47562*. Dahinter stand *Dienstag, 19 Uhr, B.*

„Ich glaube, ich hab was gefunden", verkündete ich, als ich zurück ins Wohnzimmer kam. Ich hielt die Karte hoch.

„Was ist das?", fragte Hawk.

„Jemand hat eine Zahlenreihe und einen Termin auf

diese Karte gekritzelt. Da steht etwas von Dienstag, 19 Uhr. Wenn es sich dabei um letzten Dienstag handelt, dann verraten uns die Zahlen vielleicht mehr über den Mörder."

„Oder es handelt sich um einen beliebigen Dienstag der letzten dreißig Jahre", kommentierte Hawk.

Ich ließ frustriert die Schultern hängen. „Sind Sie auch mal optimistisch?"

„Sehe ich so aus?" Hawks Miene blieb unverändert.

„Schauen Sie es sich wenigstens mal an." Ich hielt ihm die Karte entgegen.

Hawk blickte auf sein Screenpaper, das die Daten erfasste und übersetzte.

„N 52.48991, E 13.47562", las er vor. Eine digitale Landkarte tauchte über seinem Handgelenk auf. „Das ist im Treptower Park. Ein Treffpunkt."

„Wurde Kasperskys Leiche nicht aus der Spree geborgen?", fragte ich. Das breite Gewässer floss genau an diesem Park entlang. „Und das B steht für die Person, mit der er sich getroffen hat."

„Bodo Bader. Bane. Es passt zu den Verdächtigen", fügte Ben hinzu.

„Oder *dem* Verdächtigen", sagte ich. „Vielleicht sind Bader und Bane dieselbe Person."

„Gib mal her", forderte Hawk und nahm mir noch vor dem letzten Wort die Karte aus der Hand. Er verzog das Gesicht, als hätte er in eine Zitrone gebissen. „Es ist möglich, dass sich Kaspersky am Dienstagabend mit jemandem getroffen hat, um mit ihm über die Linsen zu sprechen. Diese Notiz bestätigt das vielleicht, aber sie bringt uns nicht weiter. Wir können mit dieser Karte nichts beweisen. Und sie sagt uns auch nicht, wer in unser Labor eingebrochen ist, um die Kontaktlinsen zu stehlen", stellte Hawk klar und steckte die Karte in seine Manteltasche.

„Sie sind der pessimistischste Mensch, dem ich jemals begegnet bin", bemerkte ich.

„Ich werte das als Kompliment."

„Sie bekommen wohl nicht oft welche, was?", konterte ich.

In meinem Augenwinkel poppte ein Text auf. „Wartet mal." Ich fokussierte meinen Blick auf das Chatfenster in meinem Sichtfeld. Die letzte Nachricht war von Super-Zocker1967: *Stimmt. Ich seh mal nach dem Rechten. Bin gleich zurück.*

Oh, oh. Nach dem Rechten sehen?

„Ich glaube, er ist auf dem Weg hierher", sagte ich.

„Wer?", fragte Ben.

„Der Vermieter."

Ich schlich auf den Flur und lauschte an der Wohnungstür. Für einen Moment war alles still. Dann ertönten Schritte, gefolgt von einem energischen Klopfen an der Wohnungstür.

Ich schrak zurück.

Der Vermieter stand im Treppenhaus. Wahrscheinlich wunderte er sich über den Lärm, den Hawk und die Katze verursacht hatten.

„Jemand da?", drang seine Stimme durch das Metall.

Ich wirbelte zu Ben und Hawk herum. „Weg hier", zischte ich.

Hawk huschte ohne ein Wort ins Wohnzimmer.

Der Vermieter klopfte ein zweites Mal.

Ben und ich eilten in die dunkle Küche. Ich hörte das Schloss der Wohnungstür aufspringen. Kopflos suchten wir nach einem Versteck und krochen dann unter die Bank, die hinter dem Küchentisch an der Wand platziert war.

Wir kauerten uns zusammen und hielten die Luft an. Nur das Surren des Kühlschranks war zu hören.

„Hallo?", ertönte die Stimme des Vermieters. „Jemand da? Ich dachte, ich hätte Lärm gehört."

Mein Herz schlug immer schneller. Ich vergrub das Gesicht in Bens Schulter. Er legte den Arm um meine Hüfte und lehnte sich an mich. Wie schon am Nachmittag durchfuhr ein warmes Gefühl meinen Körper.

Der Vermieter sprach in die Dunkelheit hinein. Seine Stimme wurde lauter: „Man weiß ja nie, was so im eigenen Haus vor sich geht. Da ist es doch wichtig, dass ich nach dem Rechten sehe", sagte er und betrat die Küche. Zwei abgetretene Hausschuhe schlurften an uns vorbei. „Aber hier scheint ja alles in Ordnung zu sein."

Ein Miauen ertönte. Ich lugte unter dem Tisch hervor. Die Katze stand auf der Türschwelle und blickte zögerlich in den Raum.

„Wer bist du denn?", wunderte sich der Vermieter. „Deshalb stinkt es hier so."

Er trat lieblos gegen die Futterschale. Das Klirren des Metalls erfüllte den Raum. Futter flog durch die Luft. Die Schale rutschte unter den Tisch.

Der Vermieter ging zur Anrichte und öffnete einige der Küchenschränke. Was machte er denn da?

Mit eingezogenem Kopf schlich die Katze an ihm vorbei. Sie fraß das Futter, das auf dem Boden verteilt lag.

Stück für Stück kam sie uns näher. Oh nein. Maunzend lief sie unter den Tisch. Ich machte eine Handbewegung, um sie zu verscheuchen. Doch ihr Hunger überwog und sie ließ sich nicht beirren.

„Hey, Miezchen, wo willst du denn hin?", fragte der Vermieter.

Seine Füße kamen auf den Tisch zu und blieben direkt vor uns stehen. Ich hielt mir die Hand vor den Mund. Bitte nicht …

Ein Knall ertönte. Ich zuckte zusammen und rechnete damit, dass der Tisch über uns zusammenbrach, wie bei einem dieser Kung-Fu-Schläge, die ganze Bretter halbierten. Stattdessen flog ein Kronkorken zu Boden. Der Vermieter hatte eine Flasche aus dem Kühlschrank geklaut und an der Tischkante geöffnet. Der Kerl hatte es verdient, dass man sein Profil hackte. Ernsthaft!

Die Katze wetzte davon. Sie hatte wohl endgültig genug von uns Menschen.

Pfeifend schlurfte der Vermieter aus der Küche. Nun, da er das Bier erbeutet hatte, schien seine Suche beendet zu sein.

Ich atmete auf, als sein Schatten über den Flur davonkroch. Die Wohnungstür fiel ins Schloss. Regungslos saß ich da. Er hatte die Situation tatsächlich genutzt, um ein Bier mitgehen zu lassen.

„Er ist weg", flüsterte mir Ben ins Ohr.

Ich löste mich aus meiner Starre. Ben und ich rückten wieder auseinander. Es war höchste Zeit, dass wir hier verschwanden.

Mein Vorschlag, die Katze mitzunehmen, wurde von beiden Männern abgelehnt.

„Mädchen, was sollen wir denn mit einem Haustier?", hatte Hawk protestiert, als wir das Haus verließen.

Ein berechtigter Einwand. Ich konnte es nicht ausstehen, wenn er recht hatte.

„Wo gehen wir jetzt hin?", fragte Ben.

„Wir sollten genauer recherchieren, wie Marek und Kaspersky zueinander standen", sagte Hawk. „Und ob dieser Marek die Linsen von ihm bekommen hat. Ich werde mir noch einmal die Aufnahmen der Überwachungskamera aus dem Laden ansehen und die Koordinaten prüfen, die wir gefunden haben."

„Und was machen wir …" Ben stockte mitten im Satz und blieb stehen, als wäre ihm ein Geist erschienen.

Ich folgte seinem Blick. Auf der anderen Straßenseite stand Bens Vater vor dem Cabriolet. An seiner Seite war ein Polizist, der durch die Seitenscheibe lugte. Er sah genauso kompetent aus, wie ich mir Streifenpolizisten vorstellte. Nämlich gar nicht.

Über dem Wagen kreiste eine tellergroße Polizeidrohne.

Ich verspürte den starken Impuls wegzulaufen. Ben hingegen trabte bereits über die Straße. „Ben, nicht!", wollte ich ihn zurückhalten. Vergeblich.

Die Erleichterung war Herrn Den anzusehen, als er seinen Sohn in die Arme schloss. „Gott sei Dank, es geht dir gut. Ich hab mindestens ein Dutzend Mal versucht, dich anzurufen."

„Wirklich?", fragte Ben. „Ich konnte dich gar nicht erreichen."

Das war bestimmt Hawks Werk. Ich wandte mich zu ihm um. Doch er war verschwunden.

Das konnte nicht sein! Ich drehte mich einmal um die eigene Achse, schaute in alle Richtungen. Von Hawk fehlte jede Spur. Im Gegensatz zu mir war er seinem Instinkt gefolgt und davongelaufen.

Kurz darauf fand ich mich auf dem Polizeirevier wieder.

Herr Den hatte eine Mitteilung erhalten, als der Einbruchalarm ausgelöst worden war. Zu Hause angekommen hatte das Chaos seine schlimmsten Befürchtungen übertroffen. Einschusslöcher in den Wänden, ein verschwundenes Auto und von Ben keine Spur. Mithilfe der Polizei hatte er das Cabriolet getrackt. So hatten sie uns vor Kasperskys Haus aufgespürt.

Ben und mir blieb keine Zeit, uns zu beraten. Wir wurden sofort in den Polizeiwagen verfrachtet.

Ben stimmte auf Anraten seines Vaters einer Aussage zu. Herr Den wollte verständlicherweise schnell klären, wer sein Haus verwüstet hatte.

Auch ich wollte, dass die Polizei unsere Verfolger dingfest machte. Also willigte ich ebenfalls ein, in der Hoffnung, ihnen wichtige Hinweise liefern zu können. Von den Linsen würde ich ihnen jedoch nicht erzählen. In dieser Sache vertraute ich niemandem.

„Könnte ich kurz aufs Klo?", fragte ich, als wir auf dem Flur warteten.

Der zuständige Polizist sah mich misstrauisch an.

„Ich hab eine schwache Blase", sagte ich. „Und gehört Pinkeln nicht zu den … Grundrechten oder so?" Ich setzte dabei das dämlichste Lächeln auf, das ich zu bieten hatte.

Der Polizist schmunzelte und wies mir den Weg zu den Toiletten.

Auf dem Klo schloss ich mich in der hintersten Kabine ein und stützte mich gegen die kotzgrüne Wand. Wir waren tatsächlich auf dem Polizeirevier gelandet. „Mist", fluchte ich.

Hastig griff ich in meine Hosentasche und zog die Ersatzlinsen hervor, die Hawk mir gegeben hatte. Sie waren doch zu etwas gut. Mit wenigen Handgriffen tauschte ich die Kontaktlinsen in meinen Augen aus. Jetzt war ich wieder völlig profillos.

Ich blickte auf den Kunststoffbehälter in meiner Hand. Wo sollte ich ihn verstecken? Abtasten würden sie mich ja wohl nicht. Ich war schließlich nur hier, um über den An-griff in Bens Haus auszusagen und keine Verdächtige. – Oder?

Zur Sicherheit schob ich die Plastikröhre in meinen rechten Socken zwischen Innenknöchel und Schuh. Das Ganze hatte nicht länger als eine halbe Minute gedauert. Ich löste die Spülung aus und verließ die Kabine.

Grünäugig rein, braunäugig raus. Der Polizist hatte nichts bemerkt.

Kurz darauf saß ich in einem Verhörraum auf einem unbequemen Plastikstuhl. Obwohl ich mich an einem vermeintlich sicheren Ort befand, fühlte ich mich unge-schützt und hilflos.

Die Tür ging auf und Oma kam herein. Erleichtert, sie zu sehen, sprang ich auf und schloss sie in die Arme. Sie war schmal und zerbrechlich.

„Kleine, was machst du nur?", fragte sie. „Wie fühlst du dich?"

„Erschöpft. Verwirrt. Aufgeregt. Hungrig", zählte ich auf. „Nicht zwingend in dieser Reihenfolge."

Sie lächelte und strich mir über die Wange. „Alles wird gut. Du wirst schon sehen."

Die Tür schwang auf und eine weitere Person betrat den Raum. Die Frau hatte das breite Kreuz einer Profischwimmerin. Ihr nachtschwarzes Haar hatte sie zu einem Zopf zusammengebunden und ihr Gesichtsausdruck war streng. Die Ermittlerin stellte sich als Zohra Khelifa vor.

„Nehmen Sie doch bitte Platz", sagte sie und setzte sich auf den Stuhl mir gegenüber.

Sie rollte ihr Screenpaper aus und legte es auf den Tisch vor mir. Mareks blasses Gesicht blickte mir entgegen.

„Dieser Mann hieß Marek Kotecki. Er war sechsunddreißig Jahre alt. Optechnician. Heute Mittag ist er getötet worden. Wir vermuten, dass sich der Vorfall gegen halb drei ereignet hat. Bisher deutet alles auf einen Raubüberfall hin. Wir suchen dringend nach Zeugen, die etwas beobachtet haben könnten. Aber das alles wissen Sie bereits, nicht wahr?"

Eine lange Pause folgte. Dies war mein Stichwort. Ich öffnete den Mund, doch alles, was herauskam, war ein tiefes Seufzen.

Frau Khelifa fuhr mit den Fingerspitzen über das Screenpaper und öffnete Aufnahmen vom Tatort. Eine

Bilderreihe folgte: der Tresen, blutige Fingerabdrücke, der zertretene Kontaktlinsenbehälter, Mareks starre, leblose Augen …

„Ich kam zu spät", sagte ich.

„Warum haben Sie nicht die Polizei gerufen? Warum haben Sie Spuren verwischt? Versuchen Sie, jemanden zu decken?"

Ich war anscheinend nicht die Einzige mit der Begabung, zu viele Fragen auf einmal zu stellen.

„Ich hab keine Spuren verwischt", widersprach ich. „Ich hab die Leiche und das Blut gesehen. Da bin ich in Panik geraten."

„Was wollten Sie denn dort?"

„Ich hatte ein Problem mit meinen Linsen. Marek sollte es beheben. Dafür geht man doch zum Optechnician, oder?", gab ich zurück.

Frau Khelifa lehnte sich vor und faltete die Hände auf dem Tisch. „Herr Kotecki war früher in der Hackerszene bekannt. Wussten Sie das?"

„Nein."

Frau Khelifa hob die rechte Augenbraue. Sie sah mir an, dass ich log.

„Ich meine, ja, vielleicht hat er es irgendwann mal erwähnt", sagte ich.

„Was von beiden ist es denn nun, Nora-Sophie? Ja oder nein?"

„Ich weiß kaum etwas über ihn, wenn es das ist, was Sie interessiert. Er war mein Optechnician, nicht mein Onkel." Ich war mir nicht sicher, ob ich damit noch die Wahrheit sagte oder bereits log. Der Behälter drückte hart gegen meinen Knöchel. „Ich dachte, wir wären hergekommen, um eine Aussage zum Einbruch im Haus der Dens zu machen."

Ich sah zu meiner Großmutter, die auf einem Stuhl in der Ecke saß. Oma nickte mir zu. „Erzähl der Dame, was du weißt. Dann können wir bald nach Hause gehen."

So einfach war die Sache leider nicht.

„Auf den Einbruch komme ich gleich zu sprechen. Warum haben Sie nicht die Polizei verständigt, nachdem Sie die Leiche gefunden hatten?", fragte Frau Khelifa. „Haben Sie Angst vor jemandem? Werden Sie bedroht?"

Ich überlegte zu schweigen, so wie ich es aus Filmen kannte. Aber damit würde ich mich umso verdächtiger machen.

„Nora-Sophie, werden Sie bedroht?", wiederholte sie ihre Frage.

„Ich werde verfolgt. Von Mareks Mörder."

„Haben Sie ihn gesehen? Am Tatort?", fragte sie.

Ich schüttelte den Kopf. „Nein. Ich hab ihn nicht dort gesehen."

Frau Khelifa musterte mich. „Warum sollte er Sie dann verfolgen?"

Ich konnte ihr nicht von den Linsen erzählen. Vielleicht stand ich zu sehr unter dem Einfluss von Hawks Warnungen. Er hatte immer wieder darauf hingewiesen, dass die Kontaktlinsen nicht in fremde Hände geraten dürften. Das schloss die Polizei mit ein. Erst musste ich wissen, ob Bader Marek erschossen hatte und, falls ja, warum.

„Vielleicht irrt er sich und denkt, ich hätte den Mord beobachtet", antwortete ich. „Das sollten Sie eher den Mörder fragen – wenn Sie ihn gefasst haben." Ich war mir darüber im Klaren, dass ich einer Polizeibeamtin nicht allzu schnippisch gegenübertreten durfte, doch der Tag zehrte an meinen Kräften.

„Und dieser Mann, der Sie verfolgt – der mutmaßliche Mörder –, können Sie mir mehr über ihn erzählen?"

„Er ist sehr groß. Mindestens eins neunzig. Er hat dunkles Haar, das ihm leicht in die Stirn fällt. Er trägt einen Bart." Ich machte eine Pause. Mein Herz raste, als ich die folgenden Worte aussprach: „Und er ist Polizist."

Frau Khelifa sah mich an, als wäre sie sich nicht sicher, ob ich sie hinters Licht führen wollte. „Polizist?"

Ich nickte. „Er heißt Bader. Bodo Bader."

„Bodo Bader?", wiederholte sie. Für einen Augenblick sah sie überrascht aus. Dann schaute sie wieder auf das Screenpaper zwischen uns. „Und Sie sind sicher, dass das der Mann ist, der Sie verfolgt?"

Ich nickte.

Frau Khelifa rollte das Screenpaper zusammen und stand auf. „Entschuldigen Sie mich bitte für einen Moment." Mit diesen Worten verließ sie den Raum.

Ich sackte in mich zusammen. Erst jetzt merkte ich, dass sich eine Wagenladung Stresshormone in mir aufgebaut hatte.

Oma lächelte mich an. „Du machst das gut."

Zu gern hätte ich ihren Optimismus geteilt.

Ob Ben in diesem Moment in einem ähnlichen weißen Würfel ohne Fenster saß? Ich hoffte, dass er nichts von den Kontaktlinsen erzählte.

Die Tür ging auf und Frau Khelifa betrat ein zweites Mal den Raum. Diesmal war sie nicht allein. Hinter ihr folgte eine große Gestalt.

Ich rückte mit dem Stuhl nach hinten und erzeugte dabei ein unangenehmes Quietschen, das wie ein Schrei klang. Bader stand im Türrahmen.

„Ich denke, dass ich Sie einander nicht mehr vorstellen muss", sagte die Kommissarin trocken.

„Hallo Nora-Sophie", begrüßte Bader mich.

„Was macht er hier?", entfuhr es mir. „Warum nehmen Sie ihn nicht fest?"

„Ich denke, wir sollten in Ruhe ein paar Sachen klären", begann Frau Khelifa. „Setz dich", sagte sie zu Bader.

Sie waren per Du. Fantastisch.

Bader machte es sich auf dem Stuhl mir gegenüber bequem.

Frau Khelifa blieb neben ihm stehen. „Nora-Sophie, mir scheint, dass Sie eine falsche Auffassung der Ereignisse haben. Oder Sie versuchen, etwas vor uns zu verbergen", sagte sie.

„Falsche Auffassung?", entfuhr es mir. „Dieser Mann dort hat meinen Freund umgebracht." Ich deutete auf Bader, der völlig entspannt dasaß. Ich hatte aus Angst nicht zur Polizei gehen wollen, aber das hier übertraf meine schlimmsten Vorstellungen.

„Sie sagten doch, Sie hätten Marek Koteckis Mörder nicht gesehen?", hinterfragte Frau Khelifa meine Worte.

„Das hab ich auch nicht." Bis auf ein paar undeutliche Aufnahmen von einer gehackten Sicherheitskamera …

„Wieso behaupten Sie dann, dass dieser Mann der Mörder sei?"

„Ich b-behaupte nichts", kam ich ins Stottern.

„Doch, das tun Sie." Frau Khelifas Gesichtsausdruck veränderte sich. Sie sah verärgert aus. Sie sah aus wie eine

Polizistin, die wütend darüber war, dass ich ihrem Kollegen böswillige Unterstellungen machte.

„Er hat mir in meiner Wohnung aufgelauert und dort auf mich geschossen. In meinem Wohnzimmer liegt ein angeschossener Roboter. Den können Sie gerne als Beweismaterial abholen."

„Darum kümmert sich die Spurensicherung", sagte Frau Khelifa. „Sie sind sich zu hundert Prozent sicher, dass Herr Bader in der Wohnung war?"

„Was?"

„Haben Sie ihn angesehen, als er auf Sie geschossen hat? In Ihrer Wohnung?"

Ich blickte zwischen ihr und Bader hin und her. Er saß mit gelassener Miene da, als wäre dies die Elternsprechstunde an der Schule.

„Hätte es nicht auch jemand anderes sein können? Haben Sie sein Gesicht gesehen?", hakte Frau Khelifa nach.

Schweiß bildete sich auf meiner Stirn. „Nein. Ich meine, nein, ich habe sein Gesicht nicht gesehen."

„Zohra, ich war nie in der Wohnung. Sichert die Spuren, untersucht die Patronen", quatschte Bader von der Seite rein. „Da kamen all diese Notrufe. Ich hab Nora-Sophie zum ersten Mal gesehen, als sie vor diesem Typen weggelaufen ist. Bei der S-Bahn-Station. Da hab ich eins und eins zusammengezählt und bin den beiden hinterhergerannt."

Dass er fast Hawks Kiefer gebrochen hätte, erzählte man sich wohl nicht bei der Polizei.

„Ich glaube, du verdrehst da was." Ich pfiff auf die förmliche Anrede. Meinen Respekt hatte Bader längst verloren. „Warst du nicht am Tatort, bevor die Notrufe eingingen?"

Bader tat das mit einem Lächeln ab. „Du legst dir die Geschichte zurecht, wie sie dir passt. Aber in Wirklichkeit hast du keine Ahnung."

„Dann erzähl du uns doch, was passiert ist, wenn du dich so gut damit auskennst", konterte ich.

„Was ist mit dem Mann, vor dem Sie an der S-Bahn-Station weggelaufen sind? Könnte er auf Sie geschossen und Sie im Haus der Dens angegriffen haben?", unterbrach Frau Khelifa den Schlagabtausch.

Sie war wie ein Hund, der sich in meiner Wade festbiss. Die Ermittlerin hielt mich vermutlich für einen durchgedrehten Teenager, der wahllos mit dem Finger auf Polizisten zeigte und sie des Mordes bezichtigte.

Mein Magen verkrampfte sich. Bisher hatte ich ihr gegenüber Hawk mit keiner Silbe erwähnt. Ich verbarg das Gesicht in den Händen und überlegte, wie ich das Blatt wenden konnte. Ich wollte nicht diejenige sein, die antworten musste. Ich wollte diejenige sein, die Antworten bekam.

„Er kann es nicht gewesen sein", sagte ich.

„Warum nicht?", fragte Frau Khelifa.

Baders linke Augenbraue wanderte nach oben. Das schien auch ihn zu interessieren.

„Weil er bei uns war", antwortete ich.

„Wie bitte? Könnten Sie etwas lauter sprechen?"

„Er war mit uns in Bens Haus, als wir überfallen wurden. Er kann es nicht gewesen sein", erhob ich die Stimme und bereute die Worte, sobald ich sie ausgesprochen hatte.

„Interessant." Frau Khelifa musterte mich. „Herr Bader kann es ebenfalls nicht gewesen sein. Er befand sich zum besagten Zeitpunkt auf dem Revier, um einen Bericht abzugeben. Über Ihre Fahrerflucht und den Schaden, den Sie an seinem Dienstwagen angerichtet haben."

Oma entwich ein Raunen bei dieser Neuigkeit.

Ein dicker, widerlicher Kloß saß in meinem Hals fest. In Frau Khelifas Augen war ich nicht nur eine Lügnerin, sondern auch eine Kriminelle. Meine Glaubwürdigkeit war zur Tür hinausspaziert, sobald Bader den Raum betreten hatte. Als hätten sie sich abgeklatscht. *Du hier? Dann geh ich besser.*

Frau Khelifa sah auf mich herab. „Wenn es also nicht Herr Bader war, der Sie angegriffen hat, und nicht der unbekannte Dritte, wer war es dann?"

Ich versuchte den Kloß herunterzuschlucken, doch es gelang mir nicht. Er steckte fest. Bader hatte recht. Ich hatte absolut keine Ahnung. Zuerst war ich davon ausgegangen, Hawk hätte auf mich geschossen. Danach hatte ich Bader im Verdacht – und nun sollte es jemand völlig anderes gewesen sein?

Obwohl Bader ein Alibi hatte, war ich mir sicher, dass er in die Sache verwickelt war und etwas im Schilde führte. Er hatte mich im Auto bedroht. Er kannte das Geheimnis der Kontaktlinsen und wollte sie um jeden Preis haben.

Der Behälter an meinem Fuß fühlte sich plötzlich noch fester und größer an.

Bader verschränkte die Arme vor der Brust. „Ich hätte das alles für dich regeln können. Du hast ja schon in meinem Auto gesessen, bereit, den Fall mit mir zu lösen.

Und dann drehst du völlig durch und rast davon. Was ist eigentlich in dich gefahren?" Jetzt spielte er den enttäuschten Vaterersatz.

Ich biss mir auf die Innenseite der Wange. Bader war ein Profi. Er war bei der Polizei und kannte alle Tricks. Und offensichtlich agierte er nicht allein. Wenn er zum Zeitpunkt des Überfalls auf dem Revier gewesen war, dann musste er Komplizen haben. Und wie konnte ich mir sicher sein, dass Frau Khelifa nicht dazugehörte?

Die stützte sich auf den Tisch. Sie hatte keine Lust mehr auf die Spielchen zwischen Bader und mir. „Wer ist der Mann, der Sie bis zur S-Bahn verfolgt hat und der mit Ihnen im Haus war?"

„Er ist ein Programmierer", antwortete ich nach kurzem Zögern.

„Woher kennen Sie ihn?"

„Im Grunde genommen kenne ich ihn gar nicht. Ich weiß nicht einmal seinen Namen." Ein halbes Lachen blieb mir im Hals stecken. Ich wusste absolut nichts über Hawk und dennoch waren wir zusammen in eine Wohnung eingebrochen. „Er hat mit einem Mann zusammengearbeitet, der sich Kaspersky nannte und der nun ebenfalls tot ist."

„Tot?", fragte Frau Khelifa.

„Ermordet. Seine Leiche wurde diese Woche am Ufer der Spree gefunden. Angeblich ein Raubüberfall."

Frau Khelifa ließ das für einen Moment sacken. „Wo ist dieser Programmierer jetzt?"

„Ich weiß es nicht. Er ist verschwunden."

„Was wollte er von Ihnen?", bombardierte sie mich weiter mit Fragen.

Ich schluckte. „Er war auf der Suche nach Kontaktlinsen aus Mareks Laden."

„Und Sie haben diese Kontaktlinsen, nicht wahr?", hakte Frau Khelifa nach. „Deshalb sind alle hinter Ihnen her?"

Der Moment der Wahrheit.

Oma nickte mir bekräftigend zu.

Ich räusperte mich. „Ja", gab ich zu.

„Was macht die Linsen so begehrenswert?"

„Ich weiß es nicht." Ich fokussierte den Blick auf Frau Khelifas Zornesfalte, um ihr nicht in die Augen sehen zu müssen, wenn ich sie anlog. Bader sollte auf gar keinen Fall erfahren, dass ich um das Geheimnis der Kontaktlinsen wusste.

„Und warum haben Sie sie dann überhaupt?", fragte die Ermittlerin.

„Marek hat sie mir heute Morgen als Ersatz mitgegeben. Ich denke, dass es ein Versehen war. Ich hätte ein anderes Paar bekommen sollen."

„Tragen Sie die Linsen jetzt?"

Der Behälter schnitt in meinen Fuß. Er brannte auf meiner Haut wie der heiße Lauf einer Pistole.

Ich nickte.

Frau Khelifa streckte mir die Hand entgegen. „Sie können sie mir direkt geben oder ich entferne sie höchstpersönlich aus Ihren Augen."

Darauf konnte ich wirklich verzichten. Ich nahm die Kontaktlinsen heraus – erst die linke, dann die rechte – und blinzelte. Das Licht im Raum wirkte auf einmal greller. Baders Blick fixierte die Linsen, als ich sie der Ermittlerin überreichte.

Ich fragte mich, wie lange es dauern würde, bis er sie heimlich an sich nahm. Um dann festzustellen, dass es die falschen waren …

„Vielen Dank, Nora-Sophie", sagte Frau Khelifa und legte die Hand auf meine Schulter.

Ich ergriff ihr Handgelenk. „Bewahren Sie die Linsen an einem sicheren Ort auf und sagen Sie niemandem, wo sie sich befinden."

Frau Khelifa sah mich prüfend an.

„Niemand darf es wissen", forderte ich.

Sie zog ihre Hand zurück. „Ich denke, das ist genug für heute", erwiderte sie. „Wir werden die Informationen in die Ermittlungen aufnehmen und uns bei Ihnen melden, wenn es Neuigkeiten gibt. Den Vorfall mit Herrn Baders Dienstwagen klären wir ein anderes Mal. Mein Kollege wollte Ihnen nur helfen. Das wissen Sie, nicht wahr?"

Ich blickte zwischen den beiden hin und her. Es kostete mich einen Moment, um die Bitterkeit dieses Augenblicks hinunterzuschlucken. „Aber natürlich."

Frau Khelifa warf mir ein müdes Lächeln zu. „Und jetzt ruhen Sie sich aus, Nora-Sophie. Sie sehen aus, als könnten Sie es gebrauchen."

Nach der Aussage war ich mir nicht sicher, ob ich richtig gehandelt hatte. Doch letztlich traute ich Frau Khelifa nicht genug, um ihr die ganze Wahrheit zu erzählen. Selbst wenn sie nicht mit Bader unter einer Decke steckte: Sie auf das Geheimnis der Kontaktlinsen zu lenken, ohne dabei selbst verdächtig zu wirken, war mir unmöglich erschienen.

Vor wenigen Stunden hatte ich mir illegal Zugang zum Profil des Vermieters verschafft. Ich wollte gar nicht wissen, welche Strafe auf so einen Datenschutzverstoß stand. Frau Khelifa hielt mich bereits für eine Lügnerin. Auf keinen Fall durfte sie in mir eine Hackerin sehen.

Auf der Fahrt zu Bens Haus scannte ich die Gehwege und Seitenstraßen. Irgendwo da draußen trieb Hawk sich herum.

„Dieser Feigling", stieß ich aus und warf meine Tasche auf den Boden, als wir bei Ben ankamen. Ich übernachtete heute lieber bei ihm als bei Oma und Gregor. Nach etwas Überzeugungsarbeit hatte meine Großmutter zugestimmt. Ben war der Einzige, der verstand, worum es ging.

Er ließ sich auf sein Bett fallen. Früher hatten Ben und ich hier unbekümmert Filmabende miteinander verbracht. Seit seiner Beziehung mit Miley fragte ich mich, was noch alles auf diesem Bett geschehen war. Der Gedanke löste Übelkeit in mir aus. Miley sprach neben

Deutsch, Spanisch und Englisch auch Mandarin und ging dreimal die Woche zum Bodenturnen. Eine Zeit lang war ich der Überzeugung gewesen, dass sie ein Android war, mit dem normale Menschen unmöglich mithalten konnten. In gewisser Hinsicht fühlte ich mich zurückgewiesen, als Ben sich für eine Beziehung mit ihr entschieden hatte. Als wäre ich ihm nicht genug. Dabei war unsere Freundschaft immer nur platonisch gewesen.

Ben ergriff meine Hand, als er meinen nachdenklichen Blick bemerkte. „Was haben deine Eltern gesagt?"

„Sarah möchte herkommen. So schnell wie möglich. Sie schaut nach passenden Flügen. León versucht, kurzfristig Urlaub zu nehmen und nachzukommen", erklärte ich.

Die Unterhaltung mit meiner Mutter war kurz und schmerzlos verlaufen. Sie war kein Typ für große Emotionen. Das blieb meinem Vater vorbehalten. Dennoch schien sie einigermaßen bestürzt, dass sie nicht hier war, um mich zu beschützen.

„Das ist gut, oder?", versuchte Ben mich aufzubauen.

Ich wollte ihm zustimmen. Einerseits sehnte ich mich nach meinen Eltern. Andererseits konnte ich mir nicht vorstellen, was es bedeuten würde, wenn sie erst einmal da waren. Würde es für kurze Zeit wieder so sein wie früher? Nach ihrem Umzug nach Kanada hatte ich mir mein eigenes Leben aufgebaut. Meine Tagesabläufe waren nicht mehr auf die meiner Eltern abgestimmt. Wir hatten uns zwangsläufig auseinandergelebt.

„Ich weiß es nicht", gestand ich. „Wie soll ich mich denn nach allem, was heute passiert ist, auch noch mit meinen Eltern beschäftigen?"

„Du hast genau richtig gehandelt", sagte Ben. „Die Polizei wird die Linsen analysieren und herausfinden, was es damit auf sich hat. Wenigstens sind wir jetzt aus der Sache raus, selbst wenn sie den Täter noch nicht gefasst haben."

Er hatte in seiner Aussage die Geschehnisse im Haus der Dens so geschildert, wie sie vorgefallen waren. Doch damit hatte er Bader leider genauso wenig belasten können wie ich.

„Du bist der Einzige, der mir glaubt", seufzte ich, ernüchtert und erleichtert zugleich.

Bens Finger verflochten sich mit meinen. „Du kannst dich immer auf mich verlassen. Du bist meine beste Freundin."

„Beste Freundin", wiederholte ich und konnte meine Enttäuschung nicht verbergen. Zum ersten Mal wünschte ich mir, er hätte „beste" weggelassen.

„Du weißt, wie wichtig du mir bist." Bens Finger strichen über meine.

Ich erinnerte mich an die Worte, die er vor wenigen Stunden ausgesprochen hatte. Wie viel Angst er davor gehabt hatte, mich zu verlieren. Wie nah wir einander gewesen waren. Für mich war Ben mehr als ein „bester Freund". Das war mir an diesem Tag klar geworden.

Schweigend blickten wir einander an.

Das Herz schlug mir bis zum Hals.

„Ben, ich …", setzte ich an, doch ich kam nicht dazu, den Satz zu beenden.

Seine Hände umfassten meine Hüften. Er stand auf und zog mich an sich. Ich hatte keine Zeit, weiter über diese Geste nachzudenken, denn im nächsten Moment küsste er mich zaghaft. Als Ben merkte, dass ich nicht protestierte, folgte ein zweiter Kuss, dann ein dritter. Aus Vorsicht wurde Nachdruck.

Die Kälte, die diesen Tag umgab, wich einem Gefühl angenehmer Wärme. Die ganze Zeit über hatte ich völlig neben mir gestanden. Durch Bens Kuss fühlte ich mich zum ersten Mal wieder wie ich selbst.

Er schloss mich in eine feste Umarmung. „Ich hab lange auf den richtigen Moment gewartet", flüsterte er in mein Ohr. „Aber er kam nie. Also dachte ich, ich versuche es einfach."

Ich lächelte ihn an. „Es hätte keinen besseren Moment geben können."

Ben grinste erleichtert. Dann küsste er mich und zog mich auf sein Bett.

Ich spürte Bens Herzschlag an meinem Ohr. Mein Kopf ruhte auf seiner Brust. „Erinnerst du dich an unsere erste Begegnung?", fragte ich und spielte am Zipfel der Bettdecke herum.

„Ich erinnere mich an unser erstes Gespräch. Du bist mir auf den Fuß getreten und hast dich nicht dafür entschuldigt. Stattdessen hast du gefragt, ob eine Entschuldigung überhaupt nötig sei, weil mein gelähmter Fuß ja sicher eh nicht wehtun könne."

Ich bekam im Nachhinein ein schlechtes Gewissen. Kinder konnten so gemein sein. Erwachsene allerdings auch. Nur konnten die es nicht auf ihre Unerfahrenheit schieben.

„Das war ziemlich fies von mir", gestand ich. „Aber du hast nur gelacht."

„Bis dahin hat niemand so offen mit mir über meine Behinderung gesprochen. Im Gegensatz zu dir hatten die anderen Angst, mir auf die Füße zu treten. Und zwar buchstäblich."

„Ich war fasziniert von dir. Du warst älter, größer und schlauer als der ganze Rest. Ich hab irgendwelchen Unsinn gebrabbelt. Ich hätte wohl einfach die Klappe halten sollen."

„Dann wären wir vielleicht nie Freunde geworden. Du darfst mir so oft auf die Füße treten, wie du willst."

Ich legte den Arm um ihn und schmiegte mich an seinen Körper. Das Leben konnte so einfach sein. Ich fragte mich, warum es das trotzdem fast nie war.

„Alles in Ordnung?", fragte Ben.

Mein schlechtes Gewissen legte sich wie ein Schatten über das Zimmer. „Es gibt da etwas, das ich dir sagen muss", begann ich.

Ben setzte sich auf. „Raus mit der Sprache."

Ich atmete tief durch, denn ich fürchtete mich vor seiner Reaktion. „Ich hab ihnen die falschen Linsen gegeben", gestand ich.

„Was?" Ben schien tatsächlich nicht zu begreifen, was ich gesagt hatte.

„Die Linsen, die ich Frau Khelifa gegeben habe, waren einfache Ersatzlinsen. Es waren die Kontaktlinsen, die Hawk mir zum Tausch angeboten hatte. Sie haben sich also doch noch als nützlich erwiesen. Wer hätte das gedacht?" Ein Lächeln huschte über meine Lippen. Ein erbärmlicher Versuch, die Stimmung zu lockern.

Ben starrte mich entgeistert an.

„Ich hab die echten Linsen auf dem Revier herausgenommen … Das Risiko war einfach zu hoch", versuchte ich, mich zu erklären. „Außerdem wäre es fatal gewesen, sie der Polizei zu geben. Dann hätte ich sie Bader förmlich in den Rachen geworfen, verstehst du?"

„Nein, tu ich nicht." Ben warf die Decke beiseite und stand auf. „Mav, das war unsere Chance. Du hättest die Sache damit ein für alle Mal beenden können."

„Beenden? Marek ist tot und der Mörder arbeitet wahrscheinlich bei der Polizei. Wenn jemand wie Bader diese Linsen in die Hände bekommt … Weißt du, wie viel Macht er dadurch hätte?" Es klang vorwurfsvoll, aber in

Wirklichkeit war es Verzweiflung, die aus mir sprach. Ich biss mir auf die Unterlippe.

Ben rieb sich übers Gesicht. „Und ich will nicht, dass du nach Marek die Nächste bist."

Ich wollte nicht streiten. Und auf keinen Fall wollte ich, dass Ben sich Sorgen um mich machte. „Versteh doch, ich kann Bader die Linsen nicht überlassen. Das wäre falsch."

„Wie lange wird es dauern, bis er herausfindet, dass es nicht die richtigen sind? Und was wird er dann mit dir anstellen? … Und dieser Hawk ist vielleicht auch schon auf dem Weg hierher", sagte Ben. „Warum lässt du nicht einfach die Polizei die Sache klären?"

„Weil wir ihr nicht vertrauen können", beharrte ich.

„Vertrauen", wiederholte Ben. „Dreht sich bei dir alles einzig und allein darum? Du denkst, dass du keinem vertrauen kannst. Dass es eine Schwäche ist, wenn du dich auf andere verlässt. Wenn du anderen die Entscheidung in die Hand gibst. Weil die einzigen Personen, auf die du dich jemals verlassen hast, nicht auf dich gehört haben und gegangen sind. Aber du kannst nicht von anderen etwas erwarten, das du selbst nicht bereit bist zu geben, Mav … Wenn du wenigstens mir vertrauen würdest."

„Das tu ich doch."

„Ich wünschte, ich könnte dir glauben." Er schüttelte den Kopf und wandte sich von mir ab. „Wo sind die Linsen jetzt?"

Ich schluckte. „In meiner Tasche."

Ben machte sich gar nicht erst die Mühe, sie zu durchwühlen. Stattdessen kippte er den gesamten Inhalt auf dem Boden aus. Er griff in den Haufen und zog den Behälter mit den Linsen hervor. Seine Finger umschlossen die kleine Plastikdose. „Damit ist jetzt Schluss."

„Was hast du vor?"

Noch ehe ich die Frage ausgesprochen hatte, war Ben ins Badezimmer gestürmt. Ich sprang auf und folgte ihm. Er klappte den Toilettendeckel hoch. Sein Vorhaben war noch wahnsinniger als alles, was ich bisher gemacht hatte.

„Nicht!" Ich versuchte ihm den Behälter zu entreißen.

Ben hielt den Arm hochgestreckt. Ich hatte keinerlei Chance, an die Linsen heranzukommen.

Eine falsche Bewegung und sie wären in den Abwasserkanälen der Stadt verschwunden.

„Ben, wenn du das machst, dann stecken wir noch viel tiefer drin. Was werden sie dann wohl mit uns machen?"

„Bis eben war dir das egal."

Bens Arm kreiste über der Kloschüssel. Ließ er den Behälter fallen, dann würde alles im wahrsten Sinne des Wortes den Bach runtergehen. Hawk würde uns möglicherweise glauben, weil er die Linsen tracken konnte, aber Bader und sein Komplize würden uns nie wieder in Ruhe lassen.

„Ich bitte dich", sagte ich und umschloss Bens Gesicht mit beiden Händen. „Du bist der Vernünftige von uns beiden."

Er senkte den Blick.

„Bitte", wiederholte ich. „Mach das nicht."

Sein Arm glitt nach unten, als hätte ihn alle Kraft verlassen. Ben *war* der Vernünftige von uns beiden. Vorsichtig nahm ich ihm die Dose ab.

„Warum bist du nur so verdammt dickköpfig, Mav?"

„Das muss ich sein. Sonst würde ich jetzt in einer kanadischen Holzhütte sitzen und Mützen stricken."

Ben schmunzelte. „Das treiben deine Eltern also den ganzen Tag?"

„So stelle ich es mir zumindest vor. Da kämpfe ich doch lieber für die Gerechtigkeit und rette die Menschheit vor dem digitalen Armageddon."

Ben schloss seine Arme um mich. Er vergrub das Gesicht in meinem Haar. „Du bist verrückt."

Ich erwiderte seine Umarmung und murmelte: „Ich weiß."

Ich saß auf dem Boden und lehnte den Kopf gegen die Matratze. In der Dunkelheit konnte ich schemenhaft die Gegenstände um mich herum erkennen. Bens Wut war gewichen, aber die Fragen, die er gestellt hatte, blieben.

Ich drehte den Linsenbehälter zwischen den Fingern. Er war kleiner als mein Daumen. Ein alltäglicher Gebrauchsgegenstand, der etwas aufbewahrte, für das andere mordeten.

Meine Augen brannten. Trotz der Müdigkeit, die wie eine schwere Decke über mir hing, kam ich nicht zur Ruhe. Ben hingegen war vor wenigen Minuten eingeschlafen. Ich betrachtete ihn im Schein des künstlichen Wallpaper-Mondes.

Ich war in dieser Situation, weil ich meinen eigenen Willen unbedingt hatte durchsetzen müssen. Bei ihm war das anders. Ich versuchte mich in Bens Lage zu versetzen. Während er keine Mutter mehr hatte, nörgelte ich herum, dass ich meine Eltern nur zweimal im Jahr zu sehen bekam. Ich hätte dankbar für das sein müssen, was ich hatte. Warum fühlte es sich dann so an, als hätte ich sogar beide Eltern verloren?

An dem Tag, an dem meine Eltern weggezogen waren, hatte León mich weinend in die Arme genommen und mich darum gebeten, es mir noch einmal zu überlegen. Selbst Sarah war weniger beherrscht gewesen als sonst.

Ich blieb nicht, um den Flieger abheben zu sehen.

Danach war ich direkt zu Mareks Laden gefahren. Ich wollte mich nicht in Schuldgefühlen verlieren oder in Selbstzweifeln baden. Stattdessen sehnte ich mich nach Normalität. Marek hatte das sofort erkannt. Er hatte mich mit seiner typischen Art als „Olivia Twist" begrüßt, mir von seinen neuesten Programmiertricks erzählt und mir das Gefühl gegeben, dass alles beim Alten war. Keine Umarmung, keine mitleidigen Blicke. Das Leben ging weiter. So war Marek.

Ich würde nicht zulassen, dass er zu einem Fall wurde, den man zu den Akten legte.

Vieles ergab mittlerweile Sinn. Ich wusste nun, warum die Kontaktlinsen so begehrenswert waren. Ich verstand, dass Hawk sie zurückhaben wollte. Ich begriff jedoch noch nicht, in welchem Verhältnis die Beteiligten zueinander standen. Hatte Marek den Auftrag gehabt, den Code der Linsen zu entschlüsseln, wie Hawk vermutete? Oder hatten Kaspersky und Marek zusammengearbeitet? Schließlich schienen sie alte Freunde gewesen zu sein. Und was war mit Bader?

Das Wettrennen um die Kontaktlinsen war noch nicht beendet. Wenn ich nur gewusst hätte, in welche Richtung ich mich bewegen sollte.

Hawk war wie vom Erdboden verschluckt. Ich kannte nicht einmal seinen echten Namen. Und Bader war vermutlich drauf und dran, die Beweismittelkammer zu stürmen und die Kontaktlinsen zu sichern. Dann würde er feststellen, dass ich Frau Khelifa die falschen Linsen gegeben hatte. Vielleicht war er sogar schon auf dem Weg hierher.

Mein Herzschlag setzte für einen Moment aus.

Im Gegensatz zu Hawk konnte ich mich nicht in Mareks stillgelegtes Profil hacken, um dort nach Hinweisen zu suchen. Sein Geschäft hatte die Polizei bestimmt schon abgeriegelt. Jegliche Beweise vom Tatort waren unter Verschluss und in die Server der Polizei kam ich nicht hinein, weil sie Teil eines geschlossenen Netzwerks waren.

Ich blies mir eine Strähne aus der Stirn. Unter den gegebenen Umständen würde es mir leichter fallen, mich in die Beweismittelkammer zu schleichen, als den entsprechenden Server zu hacken. Ersteres war gefährlich, Letzteres war schlichtweg unmöglich.

Ich brauchte einen Hinweis. Einen Anhaltspunkt, der mich in die richtige Richtung wies. Ich dachte an die Fotos, die Frau Khelifa mir gezeigt hatte. Gedanklich reiste ich zurück an den Tatort. Das Läuten der Türglocke. Das Gesäusel der Sprecherin aus dem Newsfeed. Ein Knacken. Das Bild des zerbrochenen Kontaktlinsenbehälters kam mir in den Sinn.

Als Frau Khelifa mir die Fotos vom Tatort gezeigt hatte, war es mir nicht aufgefallen, aber nun kehrte meine Erinnerung zurück. Auf das grüne Plastik war etwas gedruckt gewesen, das sich über mehrere zertretene Stückchen verteilte. Ein Logo, bestehend aus einem Buchstaben in einem Kreis.

Mit dem Finger zeichnete ich das Motiv im Teppich nach und probierte verschiedene Buchstaben aus. Ein M, natürlich! Ich hatte das Logo heute noch an anderer Stelle gesehen: auf dem Kärtchen, das ich unter Kasperskys Bett gefunden hatte. Das war sicher kein Zufall.

Mein Profil war noch immer blockiert. Mir blieb keine

andere Wahl, als die Kontaktlinsen einzusetzen und über das Profil von Kasperskys Vermieter die Suche nach dem Logo zu starten.

Er hatte die Spielrunde und seinen Chat mittlerweile beendet. Ich scannte mit den Kontaktlinsen das in den Teppich gezeichnete Logo und führte einen Suchlauf durch. Zunächst kamen dabei Empfehlungen für eine Fast-Food-Kette und für einen Musikdienst heraus. Ich verfeinerte meine Zeichnung und startete eine weitere Suche. Diesmal erhielt ich einen genaueren Treffer. Das Logo wurde der MedSol AG zugeordnet. Dem Firmenprofil zufolge handelte es sich um eines der weltweit führenden Unternehmen in der Herstellung und Entwicklung von neuartigen Kontaktlinsen. Na, wenn das nicht eindeutig war.

Jetzt wusste ich, wo ich weitersuchen musste.

Ich tauschte die Pyjamahose gegen meine Jeans – so leise ich konnte, um Ben nicht zu wecken. Dann schnappte ich mir meine Jacke und verließ das Zimmer.

Mit leisen Schritten lief ich die Treppenstufen hinunter in den Eingangsbereich. Ich zuckte erschrocken zusammen, als die Flurbeleuchtung über mir ansprang. Heimlich durch das Haus zu schleichen war schwieriger als angenommen. Aus Herrn Dens Büro fiel Licht in den Flur. Er war wach.

Auf Zehenspitzen näherte ich mich der Haustür. Weiter kam ich nicht. Sie war verschlossen. Die Tür ließ sich ausschließlich mit einem Irisscan öffnen. Ich huschte ins Wohnzimmer und versuchte es an der Terrassentür. Auch die war verriegelt. Typisch. Nach unserem Wohnungseinbruch vor gerade einmal vier Stunden musste ich jetzt also aus einer Wohnung *aus*brechen. Es gab genau drei Möglichkeiten, die Tür zu öffnen: Entweder ich brach sie auf. Oder ich bat Ben um Hilfe, die er mir sicher verweigern würde. Oder …

Ich zögerte. Ich konnte nicht glauben, dass ich das überhaupt in Erwägung zog. Andererseits würde mir ein neues Profil unterwegs sicher von Nutzen sein.

Langsam näherte ich mich Herrn Dens Arbeitszimmer. Ich holte dreimal tief Luft, bevor ich es betrat.

Herr Den saß aufrecht in seinem Bürostuhl. Mit den Fingern fuhr er über die Arbeitsfläche des Schreibtischs.

Er bemerkte mich erst nach einigen Sekunden. „Nora-Sophie", sagte er. „So spät noch wach?"

„Das Gleiche könnte ich Sie fragen."

Herr Den lächelte verhalten. Seine blauen Augen waren mit dunklen Augenringen unterlegt. Die Falten in seinem Gesicht saßen tief und erzählten von ständiger Überarbeitung.

Ich griff nach einem Sessel und zog ihn an den Schreibtisch. „Mir geht so viel durch den Kopf. Macht es Ihnen etwas aus, wenn ich mich setze?"

„Nur zu." Herr Den lehnte sich zurück. „Ich bekomme diesen Bericht heute sowieso nicht mehr fertig."

„Ist es nicht ein wenig zu spät, um zu arbeiten?"

„Es ist nie zu spät, um zu arbeiten. Außerdem könnte ich jetzt ohnehin nicht schlafen."

„Das Gefühl kenne ich. In den ersten Wochen, nachdem meine Eltern weggezogen sind, hab ich oft nächtelang wachgesessen und Codes geschrieben", gestand ich.

Herr Den versteifte sich bei meinen Worten.

Eine unangenehme Pause entstand. Bens Vater und ich waren nie richtig miteinander warm geworden. Abgesehen davon, dass er meistens bei der Arbeit war, hatte er immer wieder durchblicken lassen, dass er nichts von meiner Vorliebe fürs Codieren hielt. Meine kleine Anekdote half nicht dabei, mein Image zu verbessern.

„Es war ein schrecklicher Tag", wechselte ich deshalb das Thema.

„Ja, das war schlimm für dich. Für uns alle. Wenn man sich nicht einmal in den eigenen vier Wänden sicher fühlen kann, wo dann?" Herr Den musterte mich. „Ich verstehe nur immer noch nicht, warum es der Mann ausgerechnet auf euch abgesehen hatte. Hier einzubrechen und Kugeln abzufeuern … Das klingt fast nach einem Auftragsmord."

„Er hatte es wohl auf die Kontaktlinsen abgesehen, die Marek mir gegeben hat."

„Ich habe gehört, dass er ein Hacker war."

„Marek war ein Hacktivist, aber das ist lange her", korrigierte ich.

„Offensichtlich nicht lange genug." Herr Den schüttelte den Kopf. „Diese Hacker bringen nichts als Ärger. Das hab ich schon immer gesagt."

Das Blut stieg mir in den Kopf. Ihm war nicht bewusst, wie wichtig Marek mir gewesen war. „Marek hat in seinem Laden ehrliche Arbeit geleistet. Er hat seinen Kunden sehr geholfen", stellte ich klar. „Abgesehen davon hat nicht jeder Hacker böse Absichten."

„Das ist, als würdest du sagen, dass manche Einbrecher gute Gründe dafür haben, bei anderen einzusteigen", erwiderte Herr Den.

Ich hielt mich mit meinem Konter zurück. Sein Sohn und ich waren schließlich selbst vor wenigen Stunden in eine Wohnung eingebrochen. Und ja, wir hatten gute Gründe gehabt.

„Marek wollte keinem etwas Böses. Er hat das nicht verdient", sagte ich stattdessen. Ich schloss die Augen und sah sofort wieder Bilder vom Tatort vor mir. Ich wurde sie nicht los.

„Heute hab ich zum ersten Mal einen Toten gesehen", sagte ich. Mir wurde bei dem Gedanken ganz kalt. „Ich war nicht darauf vorbereitet. Ich hab vorher nie darüber nachgedacht, wann und wie ich einmal in eine solche

Situation geraten könnte. Und vor allem nicht, um wen es sich dabei handeln würde."

„Das ist nichts, worauf man sich vorbereiten kann", erklärte Herr Den. „Und auch nichts, das man einfach abschütteln kann. Es tut mir leid, dass du das miterleben musstest." Zum ersten Mal hörte ich Mitgefühl in seiner Stimme. Er faltete die Hände vor dem Bauch. „Wenn der Täter gefasst wird, wird das zumindest ein kleiner Trost sein. Der Fall ist bei der Polizei in besten Händen."

„Ich weiß nicht, ob ich mich auf die Ermittler verlassen kann", gestand ich.

„Es bleibt dir keine andere Wahl, oder?", meinte er.

„Was, wenn sie den Täter nie fassen?", fragte ich.

„Dann müssen wir lernen, damit zu leben."

„Und wenn ich das nicht kann?"

„Du musst und du wirst", antwortete Herr Den mit Nachdruck. „Überlass die Arbeit den Erwachsenen, Nora-Sophie. Ich habe erfahren, welch schwere Anschuldigungen du während deiner Aussage erhoben hast. Und was du mit dem Fahrzeug des Beamten angestellt hast. Du solltest aufpassen, auf wessen Seite du dich stellst." Damit war auf jeden Fall klar, auf wessen Seite *er* stand.

Im Gegensatz zu Herrn Den verließ ich mich nicht darauf, dass die Polizei ihre Arbeit gründlich erledigte. Ich würde die Wahrheit selbst herausfinden müssen. Das Einzige, was in diesem Augenblick zwischen mir und meinem Plan stand, war die Haustür der Dens.

Ich rutschte auf dem Sessel vor. „Es tut mir leid, dass Ben in die ganze Sache hineingeraten ist."

„Gib gut auf ihn acht", bat Herr Den, wobei es mehr nach einer Mahnung klang. „Ich weiß, dass du ihm viel bedeutest. Aber ich möchte nicht, dass er in weitere Schwierigkeiten gerät. Er ist ein guter Junge."

„Er ist der beste", sagte ich. „Ich verspreche, dass ich immer auf ihn aufpassen werde."

Es brauchte nur ein langes, zufriedenes Lächeln von Herrn Den und ich hatte mir Zugang zu seinem Safe verschafft. Ich lehnte mich zurück. Zahlenreihen tauchten vor meinen Augen auf. Die goldenen Sidebars von Kasperskys Vermieter wichen einem eleganten, transparenten Design. Bens Vater hatte eindeutig mehr Stil.

Ich schluckte, als ich ein Foto im oberen rechten Sichtbereich erspähte. Das Bild war einige Jahre alt. Es zeigte Ben als Kleinkind zusammen mit seinen Eltern. Er hatte die Augen und das offene Lächeln seiner Mutter geerbt.

Ich hatte immer den Eindruck gehabt, dass für Herrn Den die Karriere an erster Stelle stand. Aber er hatte das Foto seiner Familie als festen Bestandteil seines Safes eingerichtet, sodass er es jedes Mal zu sehen bekam, wenn er sich einloggte. Ich hatte kein Recht, mir Zugang zu diesem Bereich seines Privatlebens zu verschaffen.

„Ist alles in Ordnung?", fragte Herr Den.

Ich nickte und fuhr mir mit der Hand durchs Haar. Hastig wich ich seinem Blick aus. Meine Augen mussten gerade ihre Farbe geändert haben.

„Ich sollte mich hinlegen", sagte ich und stand auf.

Noch bevor ich den Raum verlassen hatte, war Herr Den wieder in seine Arbeit vertieft. Wenn er gewusst hätte, dass ich in diesem Moment vollen Zugang zu seinem Safe hatte, hätte er nicht so ruhig dagesessen. Doch er hatte nicht den blassesten Schimmer. Und ich sorgte besser dafür, dass es dabei blieb.

Nachdem ich über Herrn Dens Safe den Bewegungsmelder der Außenbeleuchtung deaktiviert hatte, verließ ich das Haus über die Terrasse und durchquerte die anliegenden Gärten. Sicher war sicher.

Auf der Suche nach einem PuC landete ich in einer Seitenstraße. Immer wieder blickte ich über die Schulter und sah mich um. Die Luft war beißend kalt. Frost zog sich wie Kristallzucker über die Zäune, Gräser und Hecken. Ich presste die Zähne zusammen und versuchte, meine Angst abzuschütteln. Bader versteckte sich hinter keinem der Büsche, musste ich mich immer wieder selbst beruhigen.

Als ich die Tür zum PuC öffnete, begrüßte mich das Auto mit einem: „Guten Abend."

Ich würde in Herrn Dens Namen durch die Straßen Berlins fahren. Vielleicht war es besser so. Auf diese Weise konnte die Polizei meine Schritte nicht nachverfolgen.

Diesmal war ich froh, den Autopiloten nutzen zu können. Ich rutschte so tief in den Sitz, wie es meine Beine erlaubten, und ließ mich durch das verschlafene Wohngebiet chauffieren. Das PuC wählte die kürzeste Route. Wir würden einmal quer durch den Stadtkern in Richtung Nordosten fahren, wo sich der Hauptsitz der MedSol AG befand.

Autopilot und Führerschein mit sechzehn waren eindeutig zwei der besten Neuerungen der letzten Jahre. Im

Gegensatz zu der automatischen Drosselung der Fahrgeschwindigkeit und der Innenverriegelung von Haustüren. Wer auch immer sich die letzten beiden Dinge ausgedacht hatte, war ein echter Loser.

Hinter der Windschutzscheibe kam ich mir vor wie ein Besucher in meiner eigenen Stadt. Die Lichter der Gebäude und Geschäfte tanzten über das Glas.

Das Auto ging in den Modus „nachtaktiv". Die Innenbeleuchtung wechselte zu Lila. Musik erklang aus den Boxen. Zu meiner Überraschung hörte Herr Den in seiner Freizeit Hip-Hop. Der Bass dröhnte aus den Boxen. Ein Gospelchor sang im Background.

Das Lied erinnerte mich an einen Streit, den ich unfreiwillig zwischen meiner Mutter und meiner Oma mitbekommen hatte. Ich hatte damals diesen Song laut aufgedreht, während ich an meinen Hausaufgaben saß. Aber die Stimmen der beiden waren noch lauter gewesen.

Zu dem Zeitpunkt hatten meine Eltern bereits beschlossen, dass mein Vater den Job in Toronto annehmen würde. Ich war uneinsichtig gewesen und wollte Berlin auf keinen Fall verlassen. Meine Oma hatte auf meiner Seite gestanden.

„Was hast du jetzt vor?", war ihre Stimme über den Flur gehallt. „Dein eigenes Kind zurücklassen, in einer Phase, in der es dich braucht?"

Ich hatte die Antwort meiner Mutter nicht hören können und schlich auf den Flur, um sie besser zu verstehen.

„Sarah, ich habe dich immer für deine Entscheidungen bewundert. Sogar beneidet", sagte Oma. „Die Orte, die du in deinem Leben bereist hast, die Menschen, denen du begegnet bist … Sie haben dich zu der Person gemacht, die du heute bist. Aber jetzt leben wir nicht nur in anderen Zeiten, du hast auch ein Kind, um das du dich kümmern musst."

„Ich liebe Nora-Sophie, das weißt du." Ein Zittern lag in der Stimme meiner Mutter. „Sie weiß nicht, was gut für sie ist. Ich bin mir sicher, dass es ihr in Toronto gefallen würde. Sie hat ja keine Ahnung, was für eine Chance das ist. Wenn sie nur nicht so furchtbar engstirnig wäre."

„Ich glaube, dass deine Tochter alt genug ist, um zu wissen, was ihr guttut und was nicht. Sie braucht keine Veränderung in ihrem Leben. Sie ist an einem Ort, an dem sie sich vollkommen zu Hause fühlt. Damit ist sie dir einen großen Schritt voraus. Du warst immer auf der Suche nach etwas, wolltest immer weiterziehen. Ich dachte, dass es Ehrgeiz wäre, der dich antreibt, aber jetzt glaube ich, dass es eine Art Leere sein muss. Du hast einen Job, einen liebevollen Mann und eine intelligente Tochter. Bist du nicht endlich am Ziel angekommen?"

Einen Moment herrschte Stille.

„Noch nicht", hatte meine Mutter schließlich geantwortet.

Ich fragte mich, ob sie jemals finden würde, wonach sie suchte.

„Wir haben das Ziel erreicht", riss mich die Stimme des Bordcomputers aus meinen Gedanken. „Vielen Dank, dass Sie sich für PuC entschieden haben. Ihr Konto wird mit 12,46 € belastet. Sie haben die Möglichkeit, bis zum 27. August Widerruf einzulegen. Danach werden Ihre Nutzungsdaten gelöscht. Für mehr Informationen sagen Sie bitte ‚Mehr Informationen' oder besuchen Sie unser Kundenportal."

Freitag, 00:58 Uhr

Der Firmensitz von MedSol erwies sich als Betonblock, vor dem sich ein Parkplatz erstreckte. Ich musterte das Gebäude durch die Seitenscheibe. In einigen der oberen Etagen brannte Licht.

Neben dem Eingangstor befand sich ein Häuschen. Ein Wachmann saß darin und futterte Snacks aus einer Tüte. Ich hoffte, dass er für alle Eingänge autorisiert war und sich seine Zugangserlaubnis nicht nur auf das Außengelände beschränkte. Entschlossen stieg ich aus dem PuC, marschierte auf ihn zu und klopfte an das Fenster des Häuschens.

Der Wachmann ließ vor Schreck die Snacktüte fallen. Er schob die Scheibe beiseite. „Ja?"

Ich legte die Arme auf den Sims. „Ich hab mich verfahren. Wissen Sie, wie ich zum Fernsehturm komme?"

Der Mann blickte mich entgeistert an. An seinem linken Mundwinkel hing ein Krümel. „Du fragst mich nach dem Weg?"

Ich hatte gewusst, dass ich ihn damit aus dem Konzept bringen würde. Man fragte Leute nicht einfach nach dem Weg. Jede Software brachte einen zehnmal schneller ans Ziel als irgendeine Wegbeschreibung. Ausgerechnet nach dem Fernsehturm zu fragen, trieb das Ganze auf die Spitze.

Ich lächelte ihn an. Dann kniff ich die Augen zusammen und lehnte mich weiter vor.

„Ist etwas?" Er war verunsichert. Sein Gesicht glich einem Donut, dem man Augen verpasst hatte.

„Ich glaube, Sie haben eine Wimper im Auge", sagte ich. „Lassen Sie mal sehen."

Der Mann tat, wie ich ihm befahl. Er schien überzeugt zu sein, dass von einem Teenager keine Gefahr ausgehen konnte. Mit aufgerissenen Augen lehnte er sich vor. Er machte es mir zu einfach.

Vier, drei, zwei, eins. Herrn Dens Profil wich und mit ihm das Bild der glücklichen Familie. Schnell lehnte ich mich zurück. „Hab mich wohl geirrt."

Der Wachmann blinzelte perplex. „Okay."

Ich wandte mich von ihm ab, als sein Safe sich öffnete. Mehrere Hinweise tauchten vor meinen Augen auf. Unter anderem, dass sein Kühlschrank fast leer war.

„Willst du immer noch wissen, wo es zum Fernsehturm geht?"

„Wenn Sie mir grob die Richtung sagen könnten."

Er deutete mit dem Daumen über seine Schulter. „Immer da lang. Irgendwann siehst du ihn schon."

„Sehr hilfreich. Danke." Mehr hatte ich auch nicht erwartet.

Ich stieg wieder in das PuC und stellte es in der nächsten Seitenstraße ab, um das Gelände unbemerkt von dem Wachmann zu erkunden. Irgendeine Möglichkeit musste es geben, mit seinem Profil in das Gebäude zu gelangen.

Ich lief die Straße hinab. Das Areal war in der vorderen Hälfte eingezäunt, im hinteren Teil bildeten die dicken Wände des Hauses selbst die Abgrenzung.

In einer Seitenwand des Gebäudes entdeckte ich eine

Einbuchtung. Als ich näher kam, sah ich, dass es sich dabei um einen Notausgang handelte. Ich erspähte eine Metallklappe in der Wand. Vorsichtig übte ich mit den Fingern Druck auf die Vorrichtung aus, bis der Deckel aufsprang. Volltreffer. Unter der Klappe befand sich ein Irisscanner. Blieb zu hoffen, dass sich die Tür mit dem Profil des Wachmannes auch öffnen ließ.

Ich blickte in den Scanner. Plötzlich packte mich jemand an der Schulter und riss mich zurück. Ich wollte schreien, doch eine Hand legte sich über meinen Mund. Erfolglos versuchte ich mich aus dem Griff zu befreien.

„Bist du jetzt völlig verrückt geworden?", zischte mir eine männliche Stimme ins Ohr.

Ich hörte sofort auf, mich zu wehren. Ben. Sobald ich den Widerstand beendete, ließ er mich los. Ich wirbelte herum. Bens Haare standen in alle Richtungen ab. Unter seiner Jacke blitzte sein Schlafshirt hervor.

„Was machst du hier?"

„Das sollte ich dich fragen. Worüber haben wir vorhin gesprochen, Mav?" Bens Stimme bebte vor Wut.

Da war es wieder, dieses Schuldgefühl, das sich in meinem Brustkorb ausbreitete wie der giftige Rauch einer Zigarette. „Du bist mir gefolgt." Aus irgendeinem Grund machte mich diese Tatsache sauer. „Warum bist du mir gefolgt? Ich wollte dich da raushalten."

„Weil ich dich nicht ins offene Messer laufen lasse." Er klang jetzt verzweifelt. „Lass uns verschwinden. Bitte."

„Willst du diese Diskussion wirklich wieder lostreten?", fragte ich. „Hier und jetzt?"

„Was denkst du, warum ich dir gerade durch die ganze Stadt gefolgt bin?"

Ich verschränkte die Arme vor der Brust. „Ich werde nicht gehen."

„Kannst du mir nicht diesen einen Gefallen tun?"

Dies war eindeutig nicht der richtige Ort für einen Beziehungsstreit. Ich bezweifelte allerdings, dass es so einen Ort überhaupt gab. „Ich liebe dich, Ben. Wirklich. Und ich hätte nicht gedacht, dass ich dir das ausgerechnet in so einem Moment sagen würde." Ich holte tief Luft. „Aber du musst verstehen, dass ich nicht mit dir mitkommen kann. Ich werde in dieses Gebäude gehen und herausfinden, was MedSol mit der ganzen Sache zu tun hat."

Ben blickte mich mit erstarrter Miene an. Mit so viel Widerstand hatte er nicht gerechnet.

„Es gibt zwei Möglichkeiten: Entweder wir gehen gemeinsam da rein oder ich gehe allein durch diese Tür", stellte ich klar. „Aber ehrlich gesagt ist es mir lieber, wenn du nicht mitkommst. Ich möchte, dass du nach Hause fährst und dort wartest."

Ben trat einen Schritt zurück. „Du willst es wirklich allen beweisen, oder?"

„Was?"

„Dass du es allein schaffen kannst. Du willst allen zeigen, dass es kein Fehler war, hierzubleiben und die ganze Verantwortung zu übernehmen. Anstatt nach Kanada zu gehen und …"

„Hör auf." Ich stemmte die Hände in die Hüften. „Mach das nicht wieder zu einer Geschichte über mich und meine Eltern."

„Aber genau das ist es, Mav. Ich wünschte, du würdest das endlich einsehen", erwiderte Ben und wich weiter zurück. „Weißt du, was? Sag Bescheid, wenn es so weit ist." Dann wandte er sich von mir ab und lief davon.

Seine Reaktion fühlte sich an wie ein Schlag ins Gesicht. Ich wagte nicht, seinen Namen zu rufen. Die Distanz zwischen uns wurde immer größer. Es tat weh, ihn weggehen zu sehen. Aber genauso weh tat es, dass er mein Handeln nicht nachvollziehen konnte.

Ich drehte mich um und blickte in den Irisscanner. Das Türschloss sprang auf. Ich betete, dass sich alles klären würde und ich nicht drauf und dran war, den größten Fehler meines Lebens zu begehen.

Im Gebäude war es gespenstisch still. Lediglich das Surren der Klimaanlage wehte durch den Gang. Es roch nach Putzmittel und verbranntem Staub. Über mir leuchtete ein rundes Licht hinter dem Plexiglaspaneel, das jedem meiner Schritte folgte.

Mit dem Lichtkegel als ständigen Begleiter ging ich zum Treppenhaus. An der Wand haftete ein Screenpaper mit einem Grundriss. Nachdem ich den Blick wenige Sekunden auf die Übersicht gerichtet hatte, erschien das Logo der MedSol AG vor meinen Augen. Auf dem Lageplan befanden sich digital codierte Informationen.

Willkommen im Hauptsitz der MedSol AG, hieß es zur Begrüßung. Automatisch startete ein Infovideo. Eine Stimme erklang in meinen Ohren: „Vor knapp hundert Jahren entwickelte der amerikanische Optiker William Feinbloom die ersten Kontaktlinsen aus Kunststoff. Es war ein Meilenstein der Augenoptik. Seitdem hat sich viel getan. Eine tragende Rolle spielte die MedSol AG. Als eines der weltweit führenden Unternehmen in der Entwicklung und der Herstellung von neuartigen Kontaktlinsen treibt die MedSol AG diesen Wandel weiter voran."

Ich schloss das Video mit einem Augenzwinkern. Für so etwas hatte ich jetzt keine Zeit. Daraufhin wurden mir mehrere Optionen angeboten: *1. Virtuelle Tour, 2. Termin vereinbaren, 3. Empfang kontaktieren, 4. Kontaktver-*

zeichnis, 5. Raumsuche und *6. Fluchtwege.* Ich wählte Nummer 4 aus.

„Kaspersky", flüsterte ich.

Die Kontaktlinsen konnten keinen passenden Eintrag zu dem Namen finden.

Ich startete einen weiteren Versuch unter Menüpunkt 5: „Labor."

Diesmal wurde mir ein Ergebnis angezeigt. Im vierten Stock befanden sich mehrere Labore. Ich startete die Navigation und ließ mich über die Kontaktlinsen durch das Gebäude lotsen. Auf Zehenspitzen ging ich die Treppe hinauf.

Die Labore waren alle verschlossen. Als ich in den Irisscanner blickte, bekam ich die Mitteilung: *Zugang verweigert.* Die Rechte des Wachmannes reichten nicht aus.

Ich lehnte mich vor und spähte durch die Glastür. Ich sah einige Schreibtische mit Displays, auf denen das Logo der MedSol AG in Blautönen pulsierte. In der Mitte des Raumes befand sich ein langgezogener Tisch, auf dem mehrere 3D-Drucker sowie diverse Gegenstände zu erkennen waren: Gewöhnliche Brillen, Sonnenbrillen und Screenpaper säumten die lange Tafel. Auf dem hinteren Bereich des Tisches entdeckte ich einige grüne Kontaktlinsenbehälter.

Ein leichter Schwindel machte sich in meinem Kopf breit. Ich stützte mich gegen die Tür. Seit meiner Viruserkrankung vor einigen Jahren traten die Schübe zu den unmöglichsten Zeiten auf. Die Anspannung tat ihr Weiteres. Unter meinem eigenen Profil hätten mich meine Kontaktlinsen jetzt auf auffällige Werte hingewiesen.

Ich lehnte mich mit dem Rücken gegen die Wand und blinzelte mehrmals. Die Deckenbeleuchtung strahlte wie ein Scheinwerfer auf mich herab. Ich spürte die Energie, die von ihr ausging. Als wollte sie mich langsam mit Hitze zersetzen. Ich hielt meine Augen geschlossen, bis der Schwindel abebbte. Da vernahm ich ein Flüstern. Bildete ich mir die Stimme ein oder kam das Geräusch aus den Ohrstöpseln?

Dann hörte ich es erneut. Das war keine Einbildung. Die Stimme war bloß weiter entfernt. Sie drang vom Ende des Ganges zu mir herüber.

Ich schlich an den Laboren 4 und 5 vorbei.

Wortfetzen hallten durch den Flur: „… bei den Laboren … alles gesichert … wenn er sie beschaffen …" Die Stimme klang tief, männlich und monoton.

Ich blieb stehen, als ich in dem Gang, der meinen kreuzte, einen langen Schatten entdeckte. Prüfend blickte ich zu Boden. Mein Körper warf unter dem Lichtkegel einen dicken Kreis.

„Ist er noch da?", fragte der Mann.

Ich konnte ihn jetzt deutlich hören. Vorsichtig trat ich einen Schritt zurück und presste mich in den Türrahmen von Labor 5. Die Einfassung war nicht tief genug, um mich vollständig darin zu verstecken.

„Soll ich hochkommen?"

Mit wem redete er?

Dann setzte sich sein Schatten in Bewegung und wurde immer kürzer. In wenigen Augenblicken würde er am Labortrakt vorbeilaufen. Intuitiv wollte ich einen weiteren Schritt zurückweichen, doch meine Ferse stieß an die Glastür hinter mir. Ich hielt die Luft an, als der Mann den Trakt erreichte. Wenn ich Glück hatte, drehte er sich nicht zu den Laboren und ging geradeaus weiter.

Stille. Nur das Surren der Klimaanlage war zu hören.

„Geben Sie Bescheid, wenn ich weitermachen soll." Er ging mit schnellen Schritten an dem Gang vorbei, in dem ich mich versteckt hielt.

In den darauffolgenden Sekunden wagte ich nicht auszuatmen.

Der Kerl schien mit jemandem im Haus verbunden zu sein. Wenn er von „hochkommen" sprach, dann musste es sich dabei um den fünften und obersten Stock handeln. Wer hielt sich um diese Uhrzeit denn noch alles in diesem Gebäude auf?

Ich öffnete die Tour und ließ mich virtuell durch die oberste Etage führen. Dem Grundriss zufolge befanden sich dort nur mehrere Büroräume und die Cafeteria der MedSol AG.

Ich schlich zurück zum Treppenhaus und die Stufen hoch. Im fünften Stock angekommen war schnell klar, dass die Cafeteria nicht der Schauplatz eines geheimen Treffens war. Im Essbereich war es stockduster. Stattdessen weckte ein langer Lichtstrahl, der aus einem der Büros kam, meine Aufmerksamkeit. Auf dem Lageplan erkannte ich, dass es sich dabei um das Büro von Wanda Maxim, die Vorstandsvorsitzende des Unternehmens, handelte.

Wanda Maxim – klang wie der Name einer Cartoonfigur.

Mit leisen Schritten ging ich auf das Büro zu. Als ich näher kam, konnte ich deutlich zwei Stimmen hören, die aus dem Zimmer auf den Flur drangen.

„Ich bin ganz nah dran, glauben Sie mir." Ich kannte diesen leicht nasalen Klang. Fast weiblich in den Höhen. Überrascht blieb ich neben dem Türrahmen stehen.

„Wären wir nicht überfallen worden, hätte ich sie mir bereits zurückgeholt. Aber die beiden sind nicht dumm. Man muss sich ihr Vertrauen erarbeiten."

Hawk!

„Was reden Sie da? Sie tun so, als wären diese Kinder Superagenten, die Ihnen haushoch überlegen sind. Sie sollen keine Freundschaften schließen, sondern die Kontaktlinsen besorgen. Das ist Ihre einzige Aufgabe."

„Ich weiß, Frau Maxim. Es tut mir leid."

Ich hielt die Luft an. Hawk hatte ich hier von allen am wenigsten erwartet.

„Geben Sie mir nur etwas mehr Zeit", bat er. „Es war ein langer Tag. Die beiden werden vielleicht von der Polizei bewacht."

„Und genau das sollten Sie verhindern. Es hätte nie so weit kommen dürfen", fuhr Frau Maxims Stimme dazwischen. „Die ganze Angelegenheit läuft aus dem Ruder."

Sie klang herrisch. Ich stellte sie mir mit schlecht toupierten Haaren und dem Unterleib eines Kraken vor. Wie die Meereshexe aus dem alten Trickfilm, den Sarah mir aufgedrängt hatte, weil sie dessen Neuverfilmung nicht leiden konnte.

„Ich verspreche Ihnen, die Kontaktlinsen innerhalb von vierundzwanzig Stunden zurückzubringen", sagte Hawk.

„Das ist ja wohl das Mindeste. Dafür werden Sie bezahlt. MedSol hat die Ausrüstung gestellt. Sie sollten das Produkt liefern. Was sind die Kontaktlinsen noch wert, wenn morgen darüber in den Medien berichtet wird? Nichts. Dann war alles umsonst."

Ich ballte die Hände zu Fäusten. Hawk ließ sich nicht nur von MedSol dafür bezahlen, die Kontaktlinsen zurückzubekommen. Er hatte sie für die Firma entwickelt. Dieser Verräter. Die ganze Zeit über hatte er so getan, als wäre er ein Einzelkämpfer, der nicht wusste, wie ihm geschah. In Wirklichkeit handelte er im Auftrag eines großen Konzerns.

„Sie wissen, dass ich auf Ihrer Seite stehe", bestätigte Hawk. „Wenn Kaspersky nicht …"

„Was Kaspersky gesagt oder getan hat, ist nicht mehr wichtig", unterbrach Wanda Maxim ihn schroff. „Aber *Sie* haben uns den Kerl hier angeschleppt, vergessen Sie das nicht. Und was hab ich davon? Nichts als Ärger."

„Frau Maxim, Sie wissen, wie leid mir das tut. Als ich erfahren habe, dass er die Erfindung an Dritte weiterverkaufen will, bin ich doch sofort zu Ihnen gekommen. Ich konnte nicht ahnen, wie tief er da bereits in der Sache drinsteckte."

Ich versuchte zu verarbeiten, was er gerade gesagt hatte. Erst hatte Kaspersky das Projekt verraten und dann hatte Hawk ihn verraten? Der Mann gab sich so unterwürfig wie ein Hund gegenüber seinem Frauchen. Als eigensinniger Programmierer, der für die Wahrheit kämpfte, hatte er mir deutlich besser gefallen.

„Das haben wir alles schon diskutiert", sagte Wanda Maxim. „Ich möchte, dass Sie Lösungen finden. Sofort."

„Ich werde mich direkt darum kümmern. Das Mädchen ist auf meiner Seite. Sonst hätte sie die Linsen nicht behalten, sondern der Polizei übergeben."

Ich vergrub die Daumennägel in den Handflächen.

„Dann sorgen Sie dafür, dass sie die Kontaktlinsen endlich herausrückt. Verdammt, wie schwierig kann das sein?", zischte Frau Maxim.

Ich hatte genug gehört. Wanda Maxim hatte keine Ahnung, wie nah sie ihren kostbaren Linsen für einen Augenblick gewesen war. Gerade als ich zwei Schritte zurückgegangen war, trat Hawk über die Schwelle. Unsere Blicke trafen sich. Ich erstarrte.

Er wandte sich wieder Frau Maxim zu, als hätte er mich nicht bemerkt. Hawks Hand ruhte auf dem Türrahmen. „Ich mache mich gleich an die Arbeit."

Mit einer kleinen Geste gab er mir zu verstehen, mich in Richtung Treppenhaus zu bewegen. Er würde mich nicht verraten?

Ich wich weiter zurück, unsicher, was hier vorging.

Hawk verabschiedete sich von Frau Maxim und schloss die Bürotür. Mit langen Schritten kam er auf mich zu marschiert. Noch bevor ich mein Entsetzen zum Ausdruck bringen konnte, packte er mich am Arm, hielt mir die Hand vor den Mund und schob mich vor sich her. Dabei setzte ich mich nicht einmal zur Wehr, so perplex war ich.

An der Treppe stieß er mich gegen die Wand. Diesmal trug er keine Sonnenbrille. „Bist du völlig verrückt? Was hast du hier zu suchen?" Er fuhr mit seiner Befragung fort, ehe ich antworten konnte: „In wessen Profil befindest du dich gerade?"

„Das des Wachmannes", keuchte ich.

„Du liebst wohl das Risiko." Hawk zerrte mich die Stufen hinunter. „Denkst du, ich bekomme nicht mit, dass du seit einer halben Stunde durch das Firmengebäude schleichst?"

Ich wandte mich aus seinem Griff und blieb stehen. „Um ehrlich zu sein, habe ich in den letzten dreißig Minuten kein einziges Mal an Sie gedacht. Bis ich Zeugin Ihres heimlichen Treffens geworden bin. Sie Lügner!" Ich wischte mir mit zitternden Fingern über die Stirn. Mir war heiß und kalt zugleich. „Die ganze Zeit haben Sie behauptet, dass es Ihre Linsen sind. In Wirklichkeit gehören sie keinem von uns."

„Es ist mein Werk", stieß Hawk wütend hervor und lief voraus.

„Ist es nicht." Ich folgte ihm die Treppe hinab. „Und das war es auch nie. In dem Moment, in dem Sie das Geld der MedSol AG angenommen haben, haben Sie alles verkauft, was sich auf den Kontaktlinsen befindet. Sie haben sich selbst verkauft. Genauso wie Kaspersky sich selbst verkauft hat."

Ich war jetzt richtig sauer. Wir waren gemeinsam in eine Wohnung eingebrochen, hatten das Profil des Vermieters gehackt und er war nicht einmal auf die Idee gekommen, dieses Detail zu erwähnen?

Hawks Kopf lief rot an. „Du verdammter Teenager. Du hättest nicht herkommen dürfen. Hat dich jemand gesehen?"

„Sie meinen, abgesehen von dem Wachmann?"

Hawk ging nicht auf diesen schnippischen Kommentar ein. „Wie bist du hergekommen?", fragte er.

„Mit einem PuC."

„Bring mich dorthin. Wir müssen hier weg, bevor sie uns zusammen sehen."

Ich blieb erneut stehen. „Sie haben mir gar nichts zu sagen. Sie arbeiten mit denen zusammen. Denken Sie wirklich, dass ich so bescheuert bin und Ihnen jetzt noch helfe?"

Hawk packte mich an den Schultern. „Mädchen, du hörst mir jetzt ganz genau zu", fauchte er. „Ich werde diese Worte nicht wiederholen: Je mehr Zeit wir hier verbringen, desto höher ist die Wahrscheinlichkeit, dass wir diese Nacht nicht überleben. Du willst wissen, wer deinen Kumpel umgebracht hat? Die waren das."

„Und …", ich geriet ins Stocken. „Und was ist mit Bodo Bader?"

„Ich weiß es nicht. Aber die Leute hier machen kurzen Prozess. Das kann ich dir garantieren." Hawk starrte mich an. Für einen Moment schien er zu vergessen, was sich in meinen Augen befand, dann sah er schnell zu Boden.

„Also ist wirklich eine weitere Person im Spiel", stellte ich fest. Weder Hawk noch Bader hatte auf mich geschossen, sondern jemand von MedSol.

Bum! Vier Stockwerke über uns fiel eine Metalltür ins Schloss. Ich schrak zusammen. Eine große Gestalt lehnte sich über das Geländer und sah auf uns hinunter. Der Mann aus dem Labortrakt. Der unbekannte Dritte, mein Verfolger.

Für einen Moment regte sich keiner von uns. Wie ein Raubvogel hing der Mann über uns, bereit zum Angriff. Dann zog er seine Waffe und rannte los.

Freitag, 01:55 Uhr

„Scheiße", zischte ich.

Hawk packte mich am Arm. Mit großen Schritten liefen wir zum Notausgang. Vier Stockwerke trennten uns von unserem Verfolger. Bis zum PuC, das ich neben dem Gebäude geparkt hatte, waren es knapp hundert Meter. Ich betete, dass dieser Vorsprung ausreichen würde.

Hawk rannte voran und riss die Tür auf. Zu meiner Verwunderung erwarteten uns in der Seitenstraße nicht ein PuC, sondern zwei. Auf dem Fahrersitz des anderen Wagens saß Ben. Er hatte auf mich gewartet.

„Weicht der Kerl dir jemals von der Seite?", knurrte Hawk.

Ben wollte gerade aus dem Auto steigen, als wir ihm zuriefen, er solle sitzen bleiben und sofort den Motor starten. Hawk und ich stürzten zum Wagen. Ich kroch auf die Rückbank und wurde zurückgeschleudert, als Ben aufs Gaspedal trat. Die Panik in unseren Stimmen hatte ihm klargemacht, dass wir so schnell wie möglich von hier verschwinden mussten.

Sobald wir uns von dem Gelände der MedSol AG entfernten, schob ich den Kopf zwischen die beiden Vordersitze.

„Ben, ich wollte dich nicht …", begann ich.

„Ich weiß", sagte er und blickte konzentriert auf die Straße. „Ich konnte nicht einfach wegfahren, ohne sicher zu sein, dass es dir gut geht."

Ein vorsichtiges Lächeln huschte über seine Lippen.

„Genug geflirtet", unterbrach Hawk den Moment. „Wir haben jetzt andere Probleme. Es ist nur eine Frage der Zeit, bis der Kerl uns dicht auf den Fersen ist."

„Wir müssen Hilfe rufen", entschied ich.

„Müssen wir nicht", widersprach Hawk entschieden.

„Was ist passiert?", wollte Ben wissen.

Hawk tippte wirr auf seinem Screenpaper herum. „Wir hatten eine kurze, aber intensive Begegnung mit Mareks und Kasperskys mutmaßlichem Mörder."

„Mit Bader?", fragte Ben verwirrt.

„Nein", sagte ich und sah dann zu Hawk. „Ich kann nicht glauben, dass Sie mit denen zusammenarbeiten."

„Ich gebe nur vor, mit ihnen zusammenzuarbeiten", korrigierte Hawk mich.

„Es ist alles Ihre Schuld, nicht wahr? Sie haben die Linsen getrackt. Sie haben MedSol mit Informationen gefüttert. Nur darum ist uns dieser Kerl auf den Fersen. Mit Ihrer Hilfe wusste er, wo ich mich befinde – und mit mir die Linsen. Ich fass es nicht!"

„Ich konnte ja nicht ahnen, dass sie gleich einen Kopfgeldjäger auf dich ansetzt", erwiderte Hawk. „Die Erkenntnis, dass der Verfolger von der MedSol kommt, hatte ich erst später. Ich dachte, es ginge ihnen allein um die Datensicherheit. Aber auch sie sind nur auf die Technologie aus, um Profit daraus zu schlagen."

„Ich glaub Ihnen kein Wort mehr." Wütend schlug ich gegen die Kopfstütze vor mir.

„Lass das. Ich kann nicht arbeiten, wenn du gegen meinen Sitz hämmerst wie ein wild gewordener Pavian", meckerte Hawk.

„Umso besser. Ich rufe die Polizei", erklärte ich.

Ben blickte mich im Rückspiegel an. „Bist du sicher?"

Von mir hatte er diesen Entschluss nicht erwartet. Wahrscheinlich hielt er mich für total durchgeknallt. Vor meinen Augen tauchte bereits die Notruffunktion auf. Ich musste nur zustimmen.

„*Deaktiviert*", las ich laut vor. Moment. Was? Wieso erschien dieses Wort in meinem Blickfeld? Alle anderen Funktionen waren verschwunden. Der Begriff schwebte vor meinen Augen wie ein Filmtitel. Dann schloss sich das Interface.

„Was ist los?", fragte Ben.

Hawk drehte sich zu mir um und funkelte mich an. „Keiner ruft die Polizei."

„Sind Sie bescheuert? Sie können nicht einfach die Linsen deaktivieren", fuhr ich ihn an.

„Sie haben *was*?", fragte Ben.

Hinter uns erhellte das Licht von Scheinwerfern die Straße. Hawk und ich wandten uns um und starrten durch die Heckscheibe.

„Sieht nach einem PuC aus", stellte ich fest. „Was ist mit dem getunten Geländewagen passiert?"

„Hängt im Brunnen fest", sagte Hawk trocken.

Ben bog bei der nächsten Kreuzung links ab und beschleunigte, als er weiter stadtauswärts fuhr. Das andere PuC tat es uns nach. Das Modell war das gleiche wie das Auto, in dem wir uns befanden. Es wechselte auf die Gegenfahrbahn und setzte zum Überholen an. Ben trat stärker aufs Gas. Das PuC warf einen ersten Warnhinweis aus und forderte ihn dazu auf, das Tempo zu vermindern und den anderen Wagen vorbeizulassen.

„Das PuC wird das Tempo drosseln", warnte Ben, während der Verfolger uns langsam, aber sicher einholte. „Sie müssen es hacken."

Das andere PuC befand sich auf halber Höhe. Wir verloren immer weiter an Vorsprung. Bens Fuß blieb auf dem durchgetretenen Gaspedal, aber es half nichts.

„Hawk, hören Sie nicht? Sie müssen die Drosselung rausnehmen", forderte ich ihn auf.

Wir lieferten uns ein Wettrennen bei Tempo 70.

„Uns kann nichts passieren. Diese Autos sind darauf eingestellt, jede Kollision zu vermeiden. Sein Auto wird gleich genauso ausgebremst wie unseres", versuchte Hawk uns zu beruhigen, während er auf seinem Screenpaper schrieb. „Außerdem gibt es gerade Wichtigeres."

Ich lehnte mich vor. „Wichtigeres? Was könnte bitte wichtiger sein als …"

„Was ist jetzt los?", fuhr Ben dazwischen. Seine Augen blitzten mich im Rückspiegel an. „Meine Linsen …" Dann wandte er sich an Hawk: „Sie haben meine Kontaktlinsen deaktiviert. Sie verdammter … Sie sollen das Auto hacken, nicht uns!"

„Das ist nur zu eurem Besten, glaubt mir", erklärte Hawk. „Ich hätte das schon viel früher tun sollen."

Die Situation als chaotisch zu bezeichnen, wäre untertrieben gewesen. Weder Ben noch ich konnten auf unseren Safe zugreifen und Hawk, der mit uns floh, arbeitete eindeutig gegen uns.

Plötzlich ertönte ein Knall. Die Windschutzscheibe des PuC neben uns zerbarst in Hunderte Teile. Glassplitter hingen aus der Front des Autos wie Haifischzähne. Unser Angreifer hatte seine eigene Scheibe zerschossen.

Dann sah ich den Lauf der Pistole, der auf unseren Wagen gerichtet war.

„Er schießt auf uns!", rief ich.

Hawk drehte sich um. „Das ist physikalisch äußerst …"

In diesem Moment knallte es wieder und der Seitenspiegel auf der Fahrerseite unseres PuC flog in Richtung Fahrbahn. Er war von einer Kugel zerfetzt worden. Wir schrien erschrocken auf.

Ich klammerte mich am Vordersitz fest. „Ich sagte doch, dass er auf uns schießt!"

Eine rote Kontrollleuchte blinkte in unserem Bordcomputer auf. Das Fahrzeug hatte den Defekt erkannt und sofort gemeldet.

„Sie müssen den Wagen hacken", zischte Ben erneut. „Gleich legt er das gesamte PuC lahm."

Ich sah, wie sich der Verfolger weit vorbeugte und die Waffe erneut auf unseren Wagen richtete. Das Steuern überließ er dem Autopiloten. Eine Kugel schlug mit einem dumpfen Knall unter mir ein.

Plötzlich bremste sein Wagen abrupt ab. Das Sicherheitssystem griff wegen der zerschossenen Windschutzscheibe ein. Vielleicht war die Technologie endlich mal auf unserer Seite.

Dann krachte es erneut. Während er immer weiter zurückfiel, feuerte unser Verfolger mehrere Schüsse in schneller Folge ab. Der erste Treffer landete in der Heckklappe. Der zweite sprengte das linke Rücklicht, der dritte ging ins Nirgendwo. Der vierte wurde uns zum Verhängnis: Die Kugel traf den linken Hinterreifen.

Immer mehr Warnleuchten blinkten. Auf der Windschutzscheibe tauchte eine dreidimensionale Abbildung des PuC auf. An mehreren Stellen leuchteten rote Kreise auf, begleitet von einem hektischen Signalton. Ben tippte auf den getroffenen Reifen und eine Detailansicht erschien.

„Der Luftdruck sinkt." Er blickte in den Rückspiegel. „Gleich enden wir genauso wie dieser Kerl."

Das PuC hinter uns fuhr an den Fahrbahnrand und kam zum Stillstand.

„Werden wir nicht. Zumindest nicht so schnell", meinte Hawk. „Ich hab das Sicherheitssystem deaktiviert."

Statt Erleichterung machte sich ein bitteres Gefühl in mir breit. Das war nur eines von mehreren Systemen, die Hawk in den letzten dreieinhalb Minuten deaktiviert hatte. Und dabei hatte er eindeutig falsche Prioritäten gesetzt.

Es klapperte unter uns. Ich roch verbranntes Gummi. Dann stieg Rauch am Heck des Wagens auf. Im nächsten Moment fiel der Elektromotor des PuC aus und mit ihm der Bordcomputer. Dunkelheit umhüllte uns, als das Auto bei fünfzig Stundenkilometern einen Totalausfall erlitt. Durch den schwindenden Luftdruck im Hinterreifen wurde die Fahrt zu einer Holpertour.

Ben bremste, aber der Wagen brach zur Seite aus. Wir schossen von der Straße über einen Parkplatz auf eine Hütte zu. Schützend hielt ich mir die Arme vor das Gesicht, als wir auf die Wand zusteuerten.

Ben riss das Lenkrad herum, wir drehten uns mit dem PuC einmal um uns selbst und knallten frontal in die Hütte. Ich flog quer über die Rückbank. Das PuC blieb in der Wand stecken. Statt der erwarteten Sternchen sah ich nur kiloweise Staub, der vor uns hochwirbelte.

„Das nächste Mal solltest du vielleicht vom Gebäude wegsteuern", bemerkte Hawk und rieb sich den Nacken.

Ben warf ihm einen giftigen Blick zu. „Guter Tipp. Ich werde dran denken, wenn ich wieder einmal in einem PuC ohne Steuerung und mit kaputtem Reifen auf ein Gebäude zurase."

Ich deutete auf die Windschutzscheibe. „Was ist das?"

Das Glas war mit neonfarbenen Linien überzogen, die den Rissen folgten. Wie kleine Äderchen breiteten sie sich aus.

Ohne zu antworten, öffneten Hawk und Ben die Türen und stiegen aus. Ich tat es ihnen nach.

Orientierungslos blickte ich mich um und musterte das Gebäude. Die Anlage erweckte nicht den Eindruck, als sei sie in Betrieb. Auf einem Schild über der Eingangstür stand nur noch: *Got a!* Das Y hatte sich vor langer Zeit der Witterung ergeben. „Got ya?"

Hawk, der die Farbe auf der Windschutzscheibe ertastete, sah mich triumphierend an. „Aber klar doch!" Er stieg über die Motorhaube des PuC in die Hütte.

Ben und ich sahen einander fragend an. Ein muffiger Geruch stieg mir in die Nase, als ich mich durch den Spalt drängte und den Eingangsbereich betrat. Drinnen war es genauso kalt und düster wie draußen.

Hawk warf mir eine neonfarbene Kugel zu. Ich wog den Ball in der Hand. Er war leichter als erwartet. Mehrere dieser Kugeln lagen über den Boden verteilt. Grün, gelb, blau und pink leuchteten sie mir entgegen wie glühende Ostereier.

Langsam begriff ich, in was wir da hineingerast waren. Es war eine alte Paintballarena.

„Wir sollten hier warten, bis die Polizei kommt", sagte Ben. „Sie sind bestimmt unterwegs zur Unfallstelle."

Jedes defekte PuC sandte einen Notruf aus. Je nach Größe des Schadens wurde automatisch ein Polizei- oder Rettungsteam geschickt.

Hawk tauchte mit einem langen Gegenstand in der Hand wieder hinter dem Tresen auf. Er sah aus wie ein Gewehr. Tatsächlich war es ein Markierer, den man auf dem Spielfeld als Waffe benutzte.

„Ich warte hier bestimmt nicht wie ein Opferlamm", sagte Hawk. „Die Polizei wird nicht schnell genug kommen. Das müsste euch doch mittlerweile klar sein."

Zum Test zielte er auf die Wand und drückte ab. Mit einem Zischen schoss die Kugel durch die Luft. Sie zerplatzte weit entfernt von der anvisierten Stelle. Ein grüner Farbfleck zierte die Wand.

Hawk zuckte mit den Schultern. „Besser als nichts."

Er zog zwei weitere Markierer hinter dem Tresen hervor und deutete damit auf uns. „Nehmt die."

Mein Blick fiel auf die Öffnung, die wir mit dem PuC in die Wand gerissen hatten. Dort draußen war es beunruhigend still. Ich fragte mich, ob das Ortungssystem des Autos wirklich noch funktionierte.

Ich versuchte die Kontaktlinsen zu aktivieren. Keine Chance. Nicht einmal unseren Standort konnte ich herausfinden. Wir waren in irgendeinem Waldstück im Nirgendwo gestrandet und Hawk hatte dafür gesorgt, dass die Linsen nutzlos waren.

Am Rand der Straße tauchte eine Gestalt auf. In der Hand die Pistole marschierte sie wie der Bösewicht aus einem alten Western auf das Gelände zu.

„Er kommt", flüsterte ich.

„Ich sag doch, dass wir nicht auf die Polizei warten können." Hawk deutete auf den Tresen. „Schnell. Hinter dem Gebäude liegt das Spielfeld."

Mit wenigen Schritten sprang ich zu ihm. Unter einer Staubschicht lag eine Karte des Geländes. Es handelte sich dabei um einen Teil des angrenzenden Waldes, den man umzäunt hatte. Die eingezeichneten Bäume, Büsche und Erdhügel machten das Spielfeld zu einem Labyrinth.

Hawk drückte Ben und mir die Markierer in die Hände. „Die Hindernisse bieten uns Schutz."

„Aktivieren Sie unsere Linsen", forderte ich.

„Nur, wenn ihr mitkommt." Er erpresste uns.

Hawk warf uns zwei Helme mit Schutzbrillen zu und setzte sich selbst ebenfalls einen auf. Ich war mir nicht sicher, ob dies im Ernstfall wirklich helfen würde.

„Zieh die an." Ben drückte mir eine Schutzweste in die Hand. An den Seiten und an den Brusttaschen hingen Paintballgranaten.

Ich schlüpfte hinein und fühlte mich damit wie ein Windbeutel. Erneut spähte ich aus der Öffnung. Der Mann überquerte mittlerweile den Parkplatz. Uns blieb keine Zeit. Im Laufen setzte ich den Helm auf. Wir nahmen die Markierer in Anschlag. Dann rannten wir auf das Gelände.

Als bester Sprinter war Ben an der Spitze. Hinter ihm lief Hawk. Ich folgte den beiden durch ein Wirrwarr aus Gängen, Hügeln und Büschen und stolperte dabei mehr als einmal über meine eigenen Füße. Es roch nach feuchtem Laub und Winterkälte. Der Himmel über uns war sternenklar. Unter unseren Schuhen knackten Zweige.

Der Zaun, der das Gelände umgab, war um die zehn Meter hoch und mit einer grünen Plane verkleidet. Wir waren im Parcours gefangen.

Ich erschrak, als ich an einer Kreuzung eine Bewegung wahrnahm. Ein Rehkitz. Es sah mich mit glänzenden Augen an. Sein Fell schimmerte matt im Mondlicht. Es musste noch einen anderen Ausgang geben. Ich riss meinen Blick von dem Tier los und folgte Hawk und Ben.

In einer Zickzackroute tauchten wir in dem Labyrinth aus Erdhügeln und Hecken ab. Immer wieder blickte ich über meine Schulter. Wir mussten schleunigst den anderen Ausgang finden.

„Es hat keinen Sinn, wegzulaufen!", hallte die Stimme unseres Verfolgers durch die Nacht.

Wir blieben auf der Stelle stehen, um uns nicht mit unseren Schritten zu verraten.

„Wo lang?", flüsterte ich.

Ben wies auf den Erdhügel über uns und deutete an, dass wir raufklettern sollten. So hätten wir einen Überblick über die umliegenden Gänge und Wege.

Er schwang lautlos den Markierer über die Schulter. Wir bildeten eine Räuberleiter. Meine Fingernägel gruben sich in die Erde, als ich mich auf den Hügel hievte. Hawk ließ sich mit einem kräftigen Schub nach oben befördern. Dann zogen wir Ben gemeinsam hoch.

Er formte mit den Lippen das Wort „Polizei".

Hoffnung stieg in mir auf. Wenn wir noch etwas durchhielten, dann würden die Beamten das defekte PuC orten und uns zu Hilfe kommen.

Von hier oben konnten wir fast das ganze Spielfeld überblicken. Der Hügel befand sich genau in der Mitte des Geländes. Um zu einem der Ausgänge zu gelangen, würden wir aber wieder in das Gangsystem hinabsteigen müssen.

Ben tippte mir auf die Schulter. Er hatte seine Schutzbrille aufgesetzt und glich eher einem Skifahrer als einem Paintballspieler. Er deutete auf die Brille, die auf meinem Helm klemmte. Ich schob sie auf die Nase und sofort wurde eine Nachtsichtfunktion aktiviert. In meinem Sichtfeld tauchte der Hinweis *Moving Target* auf. Die Schutzbrille hatte Ben als mögliches Schussziel identifiziert.

Auf allen vieren krabbelten wir den Erdhügel entlang.

„Mädchen, wie wäre es, wenn du mir jetzt die Linsen gibst?", flüsterte Hawk mir ins Ohr, als er neben mir herkroch. „Du scheinst ja was anderes für deine Augen gefunden zu haben."

Ich sah ihn giftig an. Dann realisierte ich, dass er meinen Gesichtsausdruck hinter der dicken Brille gar nicht ausmachen konnte. Ich scannte die Umgebung. Am hinteren Ende des Spielfelds entdeckte ich eine hohe Gittertür. Der Ausgang.

In dem Moment blinkte erneut *Moving Target* vor meinen Augen auf. Doch die Nachricht war genauso schnell verschwunden, wie sie aufgetaucht war. Ich stieß Hawk und Ben an, hielt den Finger vor den Mund und griff mit der anderen Hand nach meinem Markierer. Jemand war durch den Gang schräg vor uns gehuscht – und sofern es auf diesem Gelände keine zweibeinigen, menschengroßen Waldtiere gab, war der Killer eben direkt vor unseren Nasen vorbeimarschiert.

Hawk berührte mich am Oberarm und wies mich an, den Markierer in Anschlag zu nehmen. Ich legte das Gewehr an. Das kalte Plastik drückte in meine Wange.

Unter uns hörten wir ein Knacken. Wir beugten uns vorsichtig über den Rand und sahen direkt auf den Kopf des Angreifers. Er lauschte in die Nacht hinein. Seine rechte Hand ruhte auf der Waffe im Holster.

Ein Schauer durchfuhr mich. Im Gegensatz zu seinen zitterten meine Hände. Drei Mündungen zielten auf den Scheitel des Verfolgers. Wenn nicht wenigstens einer von uns diesen Kopf traf, war alles verloren.

„Adios, mein Freund", raunte Hawk und drückte auf den Abzug.

Die Farbkugel zischte an unserem Verfolger vorbei und zerplatzte auf dem Boden. Es war ein Kunststück, dass Hawk es auf die kurze Distanz nicht geschafft hatte, wenigstens eine Haarsträhne zu streifen. Der Kerl stand genau unter uns.

Der Mann wirbelte herum und zückte seine Waffe.

Hektisch betätigte ich den Abzug. Die Kugel traf ihn lediglich am Oberarm, aber selbst da hinterließ die alte Farbe ohne Schutz sicher einen ordentlichen blauen

Fleck. Ein echter Schuss hallte in der Nacht, als unser Verfolger zurückstolpernd die Pistole in die Luft riss. Wir ließen ihm keine Zeit, seine Waffe auf uns zu richten. Bens Schuss traf ihn auf der Brust, Hawks zweiter streifte seinen Hals und meiner zielte auf den Bauch. Wir drückten schneller ab, als die Kugeln nachladen konnten. Es war ein Doppeltreffer von Ben und mir, der den Angreifer außer Gefecht setzte. Fast zeitgleich erwischte ihn eine Kugel am Hals und die andere am Kiefer. Farbe spritzte ihm in Nase, Mund und Augen. Er versuchte sich die zähe Flüssigkeit aus den Augen zu wischen, aber sie zog sich wie Schleim über sein ganzes Gesicht.

Ben ergriff meine Schulter und zerrte mich weg. Zu dritt sprinteten wir zur anderen Seite des Hügels und stiegen in das Gangsystem hinab. Auf dem Weg zum Hinterausgang hatte ich das Gefühl, die Kontrolle über meine Beine zu verlieren. Sie drohten nachzugeben wie die schlaffen Glieder einer Marionette ohne Spieler.

Ben stieß die Gittertür auf, die lose in den Angeln hing. Als wir über die Schwelle sprangen, tauchte das Wort *Congratulations* vor meinen Augen auf wie ein Geist in der Dunkelheit. Ich riss die Schutzbrille von meinem Kopf und warf sie ins Gestrüpp.

Wir liefen in den Wald hinein. Wie üblich war Ben mir einige Meter voraus. Wenn er in dem Tempo weitermachte, würde ich bald nicht mehr hinterherkommen. Ich schleuderte den Markierer von mir, um unnötigen Ballast loszuwerden. Ich wollte morgen früh nicht als das Mädchen in den Schlagzeilen stehen, das mit einem Plastikgewehr in der Hand erschossen worden war. Ich wagte nicht, über die Schulter zu blicken.

Der Abstand zwischen Ben und mir vergrößerte sich. Ich versuchte seinen Namen zu rufen, doch meine Lungenflügel schmerzten zu sehr. Die kalte Luft brannte wie Säure.

Wir entfernten uns immer weiter vom Spielgelände und vom Parkplatz. Hier gab es nur absolute Finsternis. Wir waren vollkommen schutzlos.

Mir wurde schummrig. Ben verschwand aus meinem Blickfeld. Auch Hawk war nirgends zu sehen. Ich wollte beschleunigen, aber meine Beine ließen es nicht zu. Mit jedem Schritt wurden sie schwerer.

Etwas Hartes traf mich am Bauch. Ich taumelte zurück und fiel zu Boden. Der Schutzhelm flog von meinem Kopf. Eine der Granaten an meiner Weste entlud sich in einer Fontäne. Farbkleckse spritzten mir ins Gesicht. Der chemische Geruch war ekelhaft.

Ich blickte in den Lauf eines Gewehrs. Ich blinzelte. Nein, kein Gewehr. Ein Markierer hatte mich zu Boden befördert.

„Tut mir leid, Mädchen, aber irgendwann ist Schluss", ertönte Hawks Stimme über mir.

„Warten Sie", keuchte ich. „Was … was soll das?"

„Du gibst mir jetzt sofort die Kontaktlinsen oder ich nehme sie mir mit Gewalt. Und diesmal lasse ich mich auf keine Diskussion ein."

Ich blickte ihn ungläubig an. „Sie würden doch nie …"

Der Markierer knallte mir gegen die Schläfe. Hawk hatte gerade so fest zugeschlagen, dass es in meinem Kopf klingelte. Ich presste die Zähne aufeinander.

Er zielte wieder mit dem Lauf auf mein Gesicht. „Ich hab wirklich alles daran gesetzt, auf diplomatischem

Weg an die Linsen zu kommen und dich nicht zu verletzen. Ich bin dem Regelbuch der Verhandlung gefolgt: Geben und nehmen. Den Nutzen für beide Seiten sehen. Kooperieren. Bla, bla, bla. Und was hab ich davon? Ich lasse mich durch diesen Wald hetzen wie Freiwild. Meine Geduld ist am Ende. Du hast zwei Möglichkeiten: Entweder wir werden hier beide von dem Irren erschossen oder du gibst mir die Kontaktlinsen und ich lasse dich gehen."

Der Markierer kreiste bedrohlich vor meiner Nase. Ein Schuss hallte in der Dunkelheit. Der Verfolger war uns auf den Fersen.

Entweder ich bekam eine Paintballkugel ins Gesicht oder eine Pistolenkugel in den Rücken. Im schlimmsten Fall beides. Widerwillig händigte ich die Kontaktlinsen aus, die in diesem Moment völlig nutzlos für mich waren. Zwei schnelle Bewegungen. Mehr brauchte es nicht.

„Viel Glück. Ich hoffe, du überlebst." Mit diesen Worten verabschiedete Hawk sich und verschwand in der Schwärze des Waldes.

„Warten Sie." Mit Mühe raffte ich mich auf. Mir war schwindelig von dem Schlag gegen den Kopf.

Da sauste etwas an mir vorbei und schlug direkt im Baum neben mir ein. Rindenstücke flogen umher. Die Kugel hatte mich um einen halben Meter verfehlt. In der Ferne sah ich einige neonfarbene Punkte auf mich zulaufen. Der Verfolger.

Ohne zu zögern, setzte ich mich wieder in Bewegung. Ich hatte keine Kontaktlinsen und keine Orientierung. Ich wusste nicht, wo Ben steckte oder wo Hawk hingelaufen war. Meine Füße waren schwer wie Backsteine.

Mein ganzer Körper wehrte sich dagegen, immer wieder wegzulaufen.

Im Stillen verfluchte ich Hawk. Hinter einem Baum versteckte ich mich und schnappte nach Luft. Meine Lunge fühlte sich an, als würde sie jeden Moment zerreißen. Der Geruch von Kohle stieg mir in die Nase. Der Stamm, an dem ich lehnte, war pechschwarz. Vermutlich von einem der Waldbrände aus dem letzten Jahr.

Ich spähte hinter dem Baum hervor. Keine Neonpunkte in Sicht. Rasch setzte ich mich wieder in Bewegung.

Ein weiterer Schuss hallte durch die Nacht. Diesmal klang er weiter entfernt. Der Kerl folgte nicht mir, sondern … Noch ein Schuss ertönte und mit ihm ein Schrei. Ich erschauerte. Die Stimme war unverwechselbar.

Ich blieb auf der Stelle stehen. Dann lief ich in die Richtung, aus der die Stimme kam. Mein Herz schlug mir bis zum Hals. Kalter Angstschweiß brach auf meiner Haut aus. Er hatte auf Ben geschossen.

Ich stolperte über eine Baumwurzel und stürzte. Meine Hände gruben sich in die feuchte Erde. Nur langsam kam ich wieder auf die Beine.

„Ben!", sagte ich verzweifelt. Ich musste ihn finden.

Wenn der Angreifer ihn getroffen hatte und … Ich konnte den Gedanken nicht beenden. Übelkeit stieg in mir auf. Ich übergab mich auf der Stelle. Ein bitterer Geschmack blieb in meinem Mund zurück.

„Ben", flüsterte ich.

Ich stolperte nach vorne, musste mich dann aber doch an einem Baum abstützen. Ich hätte am liebsten geheult.

„Aber Kleines, was machst du denn allein im Wald?", erklang eine tiefe Stimme ganz in der Nähe.

Der Fremde trat aus der Dunkelheit hervor wie ein buntes Feuerwerk. Seine Kleidung und Haare waren mit pinker, gelber und grüner Farbe verklebt. Bei dem Versuch, sie sich aus dem Gesicht zu wischen, hatte er ein gestreiftes Muster hinterlassen.

Auf der Nase trug er ein Nachtsichtgerät, wahrscheinlich jenes, das ich nachlässig beiseitegeworfen hatte. Er schob die Schutzbrille hoch.

Ich griff nach einer der Granaten an meiner Weste und startete einen Versuch, ihn damit abzuwerfen. Ich zielte auf sein Gesicht, in der Hoffnung, ihn erneut mit Farbe blenden zu können. Doch mein Körper war noch schwächer, als ich erwartet hatte. Denn die Farbgranate landete einen halben Meter von ihm entfernt auf dem Boden. Sie zerplatzte nicht einmal. „Verdammt."

Mir wurde wieder schwindelig. Ich konnte mich kaum auf den Beinen halten.

Der Mann richtete den Lauf seiner Waffe auf meine Brust. Ich hatte keine Chance.

Bum! Ein Ruck durchfuhr meinen Körper. Es knallte ein zweites Mal, als der Mann vor mir umfiel wie ein Baum, der gefällt worden war.

Dahinter kam Bader zum Vorschein. „So sieht man sich wieder", knurrte er.

Noch bevor ich etwas erwidern konnte, wurde mir schwarz vor Augen.

Als ich wieder zu mir kam, herrschte absolute Stille. Ich öffnete die Augen und kniff sie direkt wieder zu. Mein Kopf fühlte sich an, als würde er mindestens dreißig Kilo wiegen.

„Guten Morgen, Sonnenschein", ertönte Baders Stimme über mir. Seine Hand ruhte auf meiner Wange. Unter meiner Haut verspürte ich einen prickelnden Schmerz. Er hatte mir eine Ohrfeige verpasst, um mich zu wecken.

Ich brauchte einen Moment, bis ich mich gesammelt hatte. Dass ich am Leben war, war ein gutes Zeichen. Ich betastete meine Stirn und zuckte zusammen. Bei dem Ohnmachtsanfall hatte ich mir eine ordentliche Beule zugezogen. Ich versuchte, auf die Beine zu kommen. Vergeblich. Ich hatte keine Kraft mehr.

„Langsam", sagte Bader. Er machte keine Anstalten, mich aufzuhalten. Vermutlich wusste er, dass sich kein Funken Energie mehr in meinem Körper befand.

„Du …" Ich sackte zurück gegen den Baum.

„Ich hab dir gerade das Leben gerettet. Du kannst von Glück reden, dass ich dir immer auf den Fersen bin."

Ich schluckte. Bader hatte vermutlich den Notruf des PuC abgefangen, das unter Bens Profil angemeldet gewesen war. Ich war ihm hilflos ausgeliefert. „Was willst du hier?", fragte ich.

Bader sah mich erstaunt an. „Ernsthaft? Diese Frage stellt sich noch? Du wolltest mir die falschen Kontaktlinsen unterjubeln. Denkst du, ich lass mich so leicht verarschen? Ich hätte jetzt gerne zurück, was mir gehört."

Ich stöhnte. „Was hast du mit dem anderen gemacht?"

„Du meinst den da?" Bader deutete mit dem Daumen über die Schulter. Erst jetzt sah ich, dass mein Verfolger unweit von uns entfernt auf dem Waldboden lag. „Um den solltest du dir keine Sorgen mehr machen. Die Frage ist eher, was du hier so verlassen im dunklen Wald machst. Was ist denn mit deinem Ritter in schillernder Rüstung passiert?"

Ein stechender Schmerz durchfuhr meine Brust. Es war eine Mischung aus Schuldgefühlen, Selbstmitleid und Zorn. Warum hatte ich zugelassen, dass Ben und ich so tief in die Sache hineingezogen worden waren? Innerhalb weniger Stunden hatte ich das Versprechen gebrochen, das ich seinem Vater voller Überzeugung gegeben hatte.

„Ich muss zu ihm." Mit einem leisen Ächzen setzte ich mich auf.

Bader drückte mich gegen den Baum. „Erst sagst du mir, wo ihr die Kontaktlinsen versteckt habt."

„Hawk, der Entwickler, hat sie."

„Ich glaub dir nicht. Du würdest sie ihm nicht freiwillig geben. Genau wie dein Kumpel Marek würdest du nicht zulassen, dass irgendwer Zugang zu dieser Technologie bekommt. Ihr Hacker-Freaks seid alle gleich. Wollt das Richtige tun, aber macht dabei alles nur noch schlimmer. Kaspersky hat ähnlich getickt", sagte Bader. „Leider hat er den falschen Leuten vertraut."

„Steckst du mit Wanda Maxim unter einer Decke?", fragte ich.

„Wanda wer?"

„MedSol."

Er lachte. „Ganz sicher nicht. Der Typ dahinten schon eher. Er ist bei dir eingebrochen und hat euch in Bens Haus angegriffen. Er hat auch Marek ermordet. Ich hab dir doch gesagt, dass ich es nicht war. Aber du wolltest mir ja nicht glauben."

„Und was hast du dann mit der Sache zu tun?", wollte ich wissen. „Was springt für dich dabei heraus?"

„Geld, Macht, Einfluss. Such dir was aus. Alles davon klingt verlockend, findest du nicht?"

Wenigstens hatte ich ihn richtig eingeschätzt. Jetzt war ich froh, dass ich sein Auto fast geschrottet hatte.

„Diese Linsen gehören weder dir noch dem Programmierer – Hawk, wie du ihn nennst", sagte Bader. „Wären Kaspersky und er vernünftig gewesen, hätten sie das Produkt abgeliefert, wie es mit MedSol abgemacht war. Aber Kaspersky war zu gierig. Wollte den Code an irgendeine zwielichtige Gestalt verkaufen."

„Bane", erkannte ich. Selbst diese Information hatte Kaspersky verschlüsselt.

Bader nickte. „Doch dann bekam er auf einmal moralische Bedenken. Da kam er zu mir, seinem alten Freund und Helfer."

„Aber du hast ihm nicht geholfen."

„Nein." Baders Augen blitzten mich kalt an. Das reichte mir, um zu wissen, dass er Kasperskys Mörder war. Die Notiz auf der Visitenkarte. Das Treffen im Treptower Park. B – das war Bader. Kaspersky hatte den Einbruch vorgetäuscht und sich dann an ihn gewandt. Nur hatte er sich dem Falschen anvertraut.

„Das mit Marek war nicht geplant. Ich hatte ja keine Ahnung, wie kompromisslos die von MedSol handeln würden, um wieder an die Linsen zu gelangen. Sie haben alles durcheinandergebracht", erklärte Bader. „Kaspersky hatte einen Sicherheitsmechanismus eingebaut. Ich hab Marek die Linsen gegeben, damit er sie freischaltet. Ich sagte ihm, es sei für polizeiliche Ermittlungen. Es ist ihm wohl gelungen. Doch als ich sie abholen wollte, war er tot und die Linsen waren weg … Und jetzt sitze ich hier mit dir und du willst mir verklickern, dass du die Teile gar nicht mehr hast."

In seinen Augen entdeckte ich nichts als Leere. Mareks Tod ging ihm nicht nahe. Bader war einfach wütend darüber, dass man ihm den Plan vermasselt hatte. Er hatte keine tieferliegenden Gefühle, zu denen ich hätte durchdringen können. Mein Herz sackte ins Bodenlose. „Das ist alles deine Schuld", keuchte ich. „Ohne dich wären Marek und Kaspersky noch am Leben."

„Man sollte aufpassen, wem man sich anvertraut", erklärte Bader ohne Reue in der Stimme. „Aber wem sage ich das?"

„Du, Kaspersky und Marek. Wart ihr drei miteinander befreundet?"

„Früher einmal." Er zog ein Foto aus seiner Brusttasche. Es war die Aufnahme, die ich aus Kasperskys Wohnung mitgenommen hatte.

Ich tastete nach meiner Hosentasche. Er hatte es mir abgenommen.

„Danke dafür. Ich hab es glatt übersehen. Dabei war ich so sorgfältig." Bader nahm das Foto zwischen Daumen und Zeigefinger und zerriss es in Dutzende Stücke.

„All die schönen Erinnerungen. Es ist ein wenig wie der Reboot. Weg mit der Vergangenheit. Alles auf null."

Ein tellerförmiges Objekt glitt von Bader unbemerkt über die Baumwipfel. Eine Drohne. Hoffnung glomm in mir auf. Die Polizei war doch noch auf der Suche nach uns. Ich musste nur lange genug durchhalten.

„Hawk hat die Linsen mitgenommen", sagte ich. „Du solltest hinter ihm her sein, nicht hinter mir."

„Wag es ja nicht, mich anzulügen." Bader zog seine Waffe hervor und hielt sie mir an die Schläfe. Das kalte Metall drückte gegen meine Haut.

„Es stimmt." Tränen stiegen mir in die Augen. „Du musst mir glauben."

„Und wo finde ich diesen Hawk?"

„Das weiß ich nicht."

Bader schnaubte. „Dann bist du für mich nutzlos."

Er entsicherte die Pistole.

Mein Herz stand still. Ich lebte noch und war doch bereits tausend Tode gestorben. Ich wagte nicht mehr zu atmen. Er musste mich umbringen. Er konnte gar nicht anders. Ich wusste zu viel.

„Bitte, tu das nicht." Ich kniff die Augen zu.

„Mir bleibt leider keine andere Wahl."

Ein dumpfes Geräusch ertönte. Die Pistole rutschte von meiner Schläfe und Bader sackte zu Boden. Ich öffnete die Augen und schnappte nach Luft. Über mir stand Ben. In den Händen hielt er einen Ast, der größer und dicker war als sein Arm.

Mein Herz explodierte vor Erleichterung. „Du lebst."

Ben stützte sich gegen den Baum, als ich aufstand und ihm um den Hals fiel. Er konnte kaum sein Gleichgewicht halten. Er hatte überall Schrammen und zitterte am ganzen Körper. Sein Bein stand schief ab.

„Ich kann es nicht mehr steuern", erklärte er.

„Wir müssen hier weg", stieß ich aus und ergriff die Pistole, die zu meinen Füßen lag. Sie wog schwer in meiner Hand. Bader regte sich ächzend am Boden.

„Schnell. Die Polizei ist auf dem Weg", sagte ich und zog Ben neben mir her.

Zwei Drohnen kreisten jetzt über dem Gebiet. Ben humpelte. Wir kamen kaum voran. Stützend legte ich den Arm um ihn.

„Stopp!"

Wir verharrten auf der Stelle. Bader hatte uns eingeholt. Blut rann ihm über die Wange. „Ihr geht nirgendwo hin."

Eine Waffe blitzte auf. Als sich der Schuss löste, riss ich Ben zu Boden. Sein Körper krachte nach unten. Ich landete auf ihm. Die Pistole glitt mir aus der Hand. Alle Luft wich aus unseren Lungen.

Erst kam die Betäubung, dann der Schmerz. Er ging schneidend durch meinen Oberarm. Am Ärmel zeichnete sich ein dunkler Fleck ab.

Das konnte nicht sein. Ich tastete nach der Pistole, die ich Bader abgenommen hatte.

„Du hast nicht mitgedacht", sagte er und trat zwischen den Bäumen hervor. „Wenn zwei Mörder im Spiel sind, dann gibt es auch zwei Waffen." Er stand über uns, die zweite Pistole auf uns gerichtet.

„Bitte, lassen Sie uns gehen. Wir sind doch nur … Kinder." Bens Worte verloren sich in einem Flehen. Sein Körper bebte unter mir.

Auch ich zitterte. Zum ersten Mal hatte ich Angst, alles zu verlieren. Ich drückte meine Wange an seine Brust und dachte an meine Eltern. Es gab noch so vieles, das ich ihnen sagen wollte. Die Botschaft an diesem Abend konnte doch nicht der letzte Kontakt gewesen sein, den ich mit meiner Mutter gehabt hatte. Ich dachte an meinen Vater mit seiner immerwährenden Leidenschaft für das Neue. Ich dachte an meine Großmutter und ihre Gutmütigkeit. Ich dachte an den Jungen, der unter mir lag und daran, dass er alles war, was ich mir immer gewünscht hatte. Der mir von Anfang an vertraut hatte. Ich war nur zu eigensinnig gewesen, dieses Gefühl zu erwidern.

„Bitte", flehte Ben erneut. „Wir haben nichts getan."

Baders Hand zitterte. Er zögerte.

Ein Lichtstrahl fiel auf ihn herab wie von einem Ufo. Die Drohne hatte ihn geortet und ins Visier genommen. Er schaute auf. Die Ablenkung war nur kurz, aber sie war ausreichend.

Ben zerrte eine Paintballgranate von meiner Weste und schleuderte sie Bader mit aller Kraft gegen den Kopf. Der schrie auf und griff sich ins farbverschmierte Gesicht. Dann schob Ben mich weg und raffte sich auf. Erst jetzt erkannte ich, dass er die andere Waffe in der Hand hielt. Er richtete sie auf Bader.

„Keine Bewegung!" Das Licht einer Taschenlampe erfasste uns, als Frau Khelifa zwischen den Bäumen auftauchte. In der Ferne entdeckte ich vier weitere Lichter. Frau Khelifa kam auf uns zugerannt. Noch im Laufen zog sie ihre Pistole. „Runter!" Sie stieß mich beiseite, dann drückte sie auf den Abzug.

Mehrere Lichtblitze erhellten die Nacht.

Ich sah, wie Frau Khelifa zur Seite fiel.

Klick. Klick. Klick. Auch Bader ging zu Boden. Er kroch auf sie zu, die Pistole auf seine Kollegin gerichtet. Klick. Klick. Er hatte keine Munition mehr. „Schade", keuchte er. Dann brach er unter seinem eigenen Gewicht zusammen. Ein schimmernder Fleck breitete sich auf seinem Rücken aus.

Das Geschehen drang schneller in Bens Bewusstsein als in meines. Er ließ die Waffe fallen und kroch zu der getroffenen Polizistin, um ihr zu helfen.

Ich hingegen konnte den Blick nicht von Baders Körper abwenden. Ich wankte auf ihn zu. Seine Wange ruhte auf dem Waldboden. Grüne Paintballfarbe bedeckte sein Gesicht.

Ich hatte keine Ahnung, wie ich reagieren sollte. Bader lag vor mir wie Marek viele Stunden zuvor. Getroffen von einer Kugel.

Mit Mühe sank ich auf die Knie. Ich schob die Pistole, die neben seinem Körper lag, beiseite. Dann nahm ich seine Hand und hielt sie fest. Ein Schauer lief mir über den Rücken, als ich Baders Daumen auf meinem Handrücken spürte. Mir blieb keine Zeit, darauf zu reagieren. Der Moment verflog. Seine Finger glitten aus meinen.

Wie versteinert saß ich da. Ich hörte Schritte. Jemand packte mich an der Schulter und sprach mich an, doch ich nahm kaum etwas wahr. Lichter von Taschenlampen blitzten vor meinen Augen auf.

Für uns kam das Einsatzteam rechtzeitig. Für Bader war es zu spät.

Frau Khelifa wurde mit einer Schusswunde in der Schulter ins Krankenhaus gebracht. Ihre schusssichere Weste hatte sie vor Schlimmerem bewahrt. Ben und ich kamen ebenfalls ins Krankenhaus.

Ich hatte bei meinem kleinen Ohnmachtsanfall im Wald zum Glück keine Gehirnerschütterung erlitten, aber auf meiner Stirn zeichnete sich ein unförmiger blauer Fleck ab. Man behielt mich zur Beobachtung da. Der Streifschuss an meinem Oberarm war mit einigen Stichen genäht worden.

Ben hatte es schlimmer getroffen. Neben seiner defekten Beinprothese hatte er mehrere Prellungen erlitten und sich eine Rippe gebrochen.

Noch in der Notaufnahme wurden wir befragt. Erste Analysen ergaben, dass Hawk sich unter dem Profil von Kaspersky – dessen Name in Wirklichkeit Fjodor Vasiliev gelautet hatte – in Bens Linsen und die Autos gehackt hatte, um seine Identität zu verschleiern. Die Ermittler kündigten an, das Haus der Dens noch einmal auf DNA-Spuren und Fingerabdrücke zu untersuchen. Womöglich gelang es ihnen noch, Hawks wahre Identität zu ermitteln. Außerdem wollten sie sich bei der MedSol AG genauer umschauen.

„Sie sollten auch zu Vasilievs Wohnung fahren. Er hat eine Katze", gab ich ihnen zum Abschluss mit.

Ich hatte gehofft, dass die Wahrheit über Mareks Tod

mir Trost spenden würde. Aber sie linderte den Schmerz über seinen Verlust nicht. Zu wissen, dass Marek gestorben war, weil Bader unter einem Vorwand die Linsen zu ihm gebracht hatte, machte seinen Tod keineswegs erträglicher.

Blieb nur zu hoffen, dass wenigstens die restlichen Verantwortlichen gefasst und zur Rechenschaft gezogen wurden. Ab jetzt würde ich die Arbeit der Polizei überlassen. Ich hatte mich genug eingemischt. Frau Khelifa und ihre Kollegen hatten bewiesen, dass auf sie Verlass war. Sie hatten ihr Leben für uns riskiert. – Obwohl sie wirklich an ihrem Timing arbeiten mussten.

Oma begleitete mich nach der Aussage zu meinem Zimmer. Das letzte Mal hatte sie mich auf dem Polizeirevier gesehen. Jetzt war ich in der Notaufnahme mit einer Schusswunde am Arm. Oma hatte ein schlechtes Gewissen, weil sie mich nicht mit zu Gregor genommen hatte. Doch es war nicht ihre Schuld. Wenn sich jemand Vorwürfe machen musste, dann war ich das.

„Deine Mutter ist unterwegs", erklärte sie mit müdem Blick. „Leg dich schlafen. Wenn du aufwachst, wird sie da sein. Ich bleib hier und warte solange." Sie gab mir einen Kuss auf die Wange.

„Das musst du nicht", versicherte ich ihr. „Du brauchst doch auch deinen Schlaf."

„Als könnte ich jetzt noch schlafen."

Sie tat mir leid. Meine Großmutter wirkte so zerbrechlich, dass ich ihr diese Situation nicht länger zumuten wollte. Sie hatte Angst, mich noch einmal allein zu lassen. Für sie mussten sich meine Aussagen anhören wie Ausschnitte aus einem Krimi. Das waren Geschichten, von denen man höchstens in den Nachrichten hörte, die aber keinen Platz im eigenen Leben hatten.

Am liebsten hätte ich Omas Erinnerung an diesen Tag gelöscht. Doch im Gegensatz zu Daten ließen sich Erinnerungen nicht mit einem einfachen Klick entfernen.

„Macht es dir was aus, wenn ich für eine Weile zu Ben ins Zimmer gehe?", fragte ich.

Meine Großmutter zögerte.

„Diesmal laufe ich auch nicht heimlich weg, um mich in Lebensgefahr zu begeben", versprach ich.

Sie rollte mit den Augen und gab mir einen spielerischen Klaps auf den Unterarm. Schließlich stimmte sie zu. „Na gut."

Ben lag auf dem Bett und starrte auf das Wallpaper, als ich den Raum betrat. Er kam in den Genuss eines Einzelzimmers. Ich hingegen teilte mir den Raum mit vier Frauen zwischen sechzehn und sechsundsechzig.

Herr Den saß zusammengesunken auf einem Sessel in der Ecke und gönnte sich ein wenig Schlaf.

„Denkst du, sie werden uns jemals wieder von der Seite weichen?", flüsterte ich.

„Vielleicht in ein bis zwei Jahren, wenn Gras über die Sache gewachsen ist." Ben machte mir Platz auf dem Bett. Er lächelte, sah dabei aber genauso blass und kraftlos aus wie wir alle.

„Schau dir das an." Er nickte in Richtung Wallpaper, über das lautlos die Nachrichten flimmerten. *Jugendliche überleben Mordnacht im Wald.* Es war nicht die Schlagzeile, die Marek sich für mich gewünscht hätte, aber wenigstens klang sie nicht vollkommen dämlich.

Ich deutete auf Bens Bein. „Ist es was Ernstes?"

„Die Prothese ist im Eimer. Aber morgen früh sollten sie eine neue für mich haben."

„Das ist alles meine Schuld", sagte ich. „Ich war selbstsüchtig und hab nicht über die Konsequenzen nachgedacht." Ich zupfte an seinem Ärmel. „Du hattest recht. Ich hätte auf andere vertrauen sollen, statt jedem blind zu misstrauen. Nächstes Mal, wenn ich so reagiere, solltest du mich einsperren oder ohrfeigen oder fesseln."

„Ohrfeigen? Nein. Fesseln hingegen …"

Ich verpasste Ben einen leichten Seitenhieb. „So meinte ich das nicht." Dann lehnte ich meinen Kopf an seine Schulter.

„Du hast dich vor mich gestellt, als Bader auf uns geschossen hat. Was hast du dir nur dabei gedacht?", fragte er.

Es klang beinahe so, als wäre es das Dümmste gewesen, das ich je getan hatte. Und ich hatte schon viele dumme Dinge getan. Die letzten vierundzwanzig Stunden waren ein einziges großes Paradebeispiel dafür.

„Dass ich verrückt bin, hatten wir ja schon festgestellt", sagte ich.

Ben strich mir eine Strähne aus dem Gesicht. „Aber dir eine Kugel einzufangen? Nur für mich?"

„Für wen denn sonst?" Ich hatte nicht weiter darüber nachgedacht. „Die Wunde an meinem Arm lässt sich verschmerzen."

Bens Hand schloss sich um meine Schulter. Er drückte mich fester an sich.

„Glaubst du, dass sie ihn jemals finden werden?", fragte ich.

„Hawk? Der ist viel zu schlau für die."

„Er ist zu schlau für uns alle", gab ich zurück.

Wir sprachen von ihm wie von einem alten Bekannten. Den Schlag mit dem Markierer würde ich Hawk niemals verzeihen. Dennoch bewunderte ich ihn für seine Programmierfähigkeiten. Ich wünschte nur, er hätte sie für etwas Gutes eingesetzt und nicht so ein Chaos angerichtet. Ich hoffte, dass auch er aus diesem Tag lernte und sein Wissen in Zukunft dafür nutzte, unsere digitale Welt sicherer zu machen, anstatt sie zu gefährden. So wie Marek es früher getan hatte.

Mein Magen grummelte. Ich setzte mich auf. „Ich hol mir einen Saft. Soll ich dir etwas mitbringen?"

Ben lehnte mit einem Kopfschütteln ab.

Mit schlurfenden Schritten verließ ich das Zimmer. Der Warteraum lag am Ende des Flurs. Ich begutachtete das Angebot des Getränkeautomaten. Meine Auswahl war schnell getroffen: gesüßter Algensaft. Da Sarah das Zeug ekelhaft fand, war dies vermutlich die vorerst letzte Chance, in seinen Genuss zu kommen.

Der grüne Saft floss mit einem Zischen in die Flasche. Erst nachdem ich die Zahlung autorisiert hatte, wurde mir klar, was gerade geschehen war. Ich hatte den Kauf aus Routine mit einem Irisscan bestätigt. Das konnte nur eines bedeuten.

Ohne das Getränk anzurühren, lief ich in mein Krankenzimmer, schnappte mir mein Screenpaper und versuchte mich einzuloggen. Das Wort *Initialisierung* erschien auf der Oberfläche. Darauf folgten eine Zahlenreihe und schließlich das Interface meines Profils. Ich hatte wieder Zugang zu meinem Safe.

Ich hatte mich bereits auf anstrengende Termine beim

Amt eingestellt. Denn ich bezweifelte, dass es jemals vorgekommen war, dass jemand den Zugang zu seinem gesamten Safe verloren hatte.

Das Screenpaper zeigte mir an, dass ich mehrere verpasste Kontaktaufnahmen hatte. Die meisten von Ben, meiner Mutter und Oma. Selbst Emma hatte versucht, mich zu erreichen. Ich öffnete die Nachricht:

OMG! Es tut mir echt leid. Also, wirklich! Wenn ich gewusst hätte, dass ich dich in die Arme eines irren Mörders treibe, dann wären mir die 6,16 € natürlich egal gewesen. Aber konnte ja keiner wissen …

Ich las nicht weiter.

Am Ende der Liste wartete eine anonyme Nachricht auf mich: *Nimm es mir nicht übel, Mädchen. Es ist das Beste für alle.*

Mir wurde fast warm ums Herz … Dieser Feigling!

Ein Symbol im oberen Bildrand signalisierte mir, dass sich ein neues Element in meiner Mediathek befand. Ein Abschiedsvideo von Hawk? Ich startete den Film. Es waren die Aufnahmen von der Sicherheitskamera aus Mareks Laden. Erneut musste ich dabei zusehen, wie er erschossen wurde. Mittlerweile wusste ich, dass es sich bei dem Täter um den Sicherheitsmann der MedSol AG handelte.

Warum also wollte Hawk, dass ich mir das Video noch einmal ansah?

14:32 Uhr. Der Film war noch nicht zu Ende.

Die Sekunden verstrichen. Marek lag regungslos auf dem Boden. Es war, als betrachtete ich ein Standbild. Ich spulte ein wenig vor. 14:33. 14:34. 14:35. Dann ging die Tür auf. In den Laden kam: Bodo Bader.

Er erstarrte, als er Mareks Leiche erblickte, sammelte sich jedoch schnell. Bader ging zum Tresen, kniete sich neben Marek und prüfte dessen Atmung. Er schüttelte fassungslos den Kopf. Dann fuhr er hoch und entdeckte mein Kundenprofil auf dem Tresen.

Jede seiner Bewegungen war präzise. Bader berührte nichts. Er las mein Profil und verließ das Geschäft, so wie er es betreten hatte. Wäre er nur einige Minuten früher da gewesen, hätte er Mareks Mörder auf frischer Tat ertappt. Etwas später und ich wäre ihm direkt in die Arme gelaufen.

Wäre, wäre, wäre. Was geschehen war, ließ sich nicht rückgängig machen.

Ich rollte das Screenpaper zusammen und ließ es in den Papierkorb gleiten.

Weg mit der Vergangenheit. Alles auf null.

Epilog

Sonnenstrahlen kitzelten mein Gesicht, als ich aufwachte. Das Licht brach streifenförmig durch die Jalousien. Ich benötigte einige Sekunden, um mich daran zu erinnern, dass ich im Krankenhaus lag.

Mit dem Aufwachen kam der Schmerz zurück. Ich tastete nach dem Verband an meinem Oberarm. Noch alles dran.

Eine warme Hand legte sich auf meinen Rücken. Sie ruhte sanft auf meinem rechten Schulterblatt. „Guten Morgen."

Ich drehte mich um.

Ein Lächeln huschte über ihre Lippen, doch in ihren Augen lag Kummer. Ich hatte das Gefühl, dass sie deutlich gealtert war, seitdem ich sie das letzte Mal gesehen hatte. Sie war mir fremd – und doch so vertraut. Sanft strich sie mir über die Stirn. Sie lehnte sich vor und gab mir einen Kuss auf den Scheitel.

Ich sog ihren Duft ein. Sie roch nach Honig. Das Gefühl von Kindheit wallte in mir auf. Ich spürte es mit jeder Faser. Für einen Augenblick war ich wieder fünf Jahre alt. Ich hatte keine Sorgen, keine Ängste, keine Zweifel. Es war, als wäre sie nie weggewesen.

„Mama." Meine Stimme klang heiser und dünn.

Behutsam streichelte ihr Daumen meine Hand. „Nora-Sophie."

„Du bist zurück", sagte ich.

„Ja. Das bin ich." Sie blinzelte eine Träne in ihrem Augenwinkel weg. „Es tut mir leid, dass ich nicht früher gekommen bin."

„Ich hab dich vermisst", gestand ich.

„Ich dich auch." Ihr Lächeln kehrte zurück. „Komm, lass uns nach Hause gehen."

Glossar

Aftermarket: Jedes Fahrzeug verfügt über eine automatische Drosselung der Geschwindigkeit, wenn der Fahrer das Tempolimit überschreitet. Bei einem Aftermarket ist diese Funktion durch einen Hack deaktiviert. Der Fahrer kann das Tempo selbst bestimmen und Autofahren macht endlich Spaß.

Call-Wall: Diese digitalen Displays sind oft in der Nähe von Haltestellen zu finden. Darauf werden Informationen und News angezeigt. Außerdem kann jeder Bürger darüber auf den eigenen → Safe zugreifen.

Hacktivist: Das Wort setzt sich zusammen aus *Hacking* und *Aktivist*. Hacktivisten nutzen ihre Fähigkeit zum digitalen Protest. Im Gegensatz zu Cyberkriminellen oder Cyberterroristen sind sie nicht auf Geld oder Gewalt aus. Sie hinterfragen mit ihren Aktionen das bestehende System, verfolgen ideologische, politische oder soziale Ziele. Wie Marek, der in den 2010ern die Datensammelwut einiger Konzerne mit gezielten Hacks an den Pranger stellte.

Optechnician: Früher nannte man den Beruf Optiker. Der Optechnician kümmert sich um die Installation, die Wartung und den Verkauf von digitalen Kontaktlinsen.

PuC: PuC steht für Public Car. Das sind grüne selbstfahrende Elektroautos, die jeder Bürger, der einen Führerschein besitzt, mieten kann. Sie sind auch in Verkehrszonen zugelassen, in denen Privatfahrzeuge verboten sind.

Reboot: Vor einigen Jahren haben sich ein paar wichtige Politiker in Europa überlegt, Daten im Netz zu dezentralisieren und Personendaten besser zu schützen. Digitale Grenzen wurden errichtet. Weitere Regionen zogen nach. Einige große Technologiekonzerne verloren dadurch an Einfluss. Zahlreiche Websites, Apps und Plattformen wurden abgeschafft, an die lokalen Märkte angepasst oder gingen pleite. Viele Nutzerprofile wurden in diesem Zusammenhang gelöscht.

Safe: Der Safe ist ein virtueller Raum, der mit allen wichtigen persönlichen Datenbanken verbunden ist: Kommunikation, Gesundheit, Finanzen, Haushalt und vieles mehr. Die Daten werden nicht im Safe selbst gespeichert, sondern nur über diesen abgerufen. Voraussetzung für den Zugang zum Safe ist die Authentifizierung über die Iris. Ein sicheres System. Bis jemand auf die Idee kommt, sich Zugang zum Safe einer fremden Person zu verschaffen …

Screenpaper: Klassisches Wegwerfprodukt, das sicherlich bald abgeschafft wird. Das Screenpaper ist eine digitale Folie, über die man sich in seinen Safe einloggen kann. Im Gegensatz zu den alten Smartphones ist sie flexibel und formbar, sodass man sie locker um den Unterarm tragen kann; sie verschleißt dadurch aber auch schnell.